말만 하는 부모,
상처받는 아이

|부모의 좋은 습관이 아이의 인성을 채운다|

말만 하는 부모, 상처받는 아이

김은미 · 서숙원 지음

별글
별처럼 빛나는 글

작가의 말 1

내가 신사임당은 아니지만

언젠가 남편에게 당당하고 자신 있게 말했다.

"나는 우리 아나를 잘 키워서 나중에 아나가 어디 인터뷰할 때 '당신의 멘토는 누구입니까?'라는 질문을 받으면 서슴치 않고 '우리 엄마요'라고 대답하는 날을 꿈꿔. 나는 우리 아나의 멘토가 될 거야!"라고.

그런데 돌아온 대답은?

"꿈이 너무 커~!"였다.

그리고 이어지는 "멘토는 아무나 되나"라는 남편의 말에 나를 돌아보기 시작했다.

물려줄 재산을 쌓아놓은 것도 아니고, 명예나 권력을 가진 것도 아니고, 셰익스피어나 조앤 롤링처럼 대박 작품을 남겨놓지도 않은 그저 공부하라는 잔소리나 하는 작가 엄마로는 멘토가 될 수 없겠다 싶었다.

'엄마'라는 타이틀을 달고, 밥해주고, 빨래해주고, 학원비 따박따박 입금하고, 공부하라고 말만 하는 그저 그런 엄마가 되고 싶지는 않았다. 그러려면 뭘 남겨주지?

내가 찾은 답은 '인성'이었다. 세상 어디에 나가도 밝고, 씩씩하고, 자신 있고, 예의 바르고, 멋진 사람으로 키워내야겠구나 싶었다. 말과 행동함에 있어 남을 배려할 줄 알고, 어려서부터 쌓인 좋은 습관들이 앞날을 살아갈 때 기준이 되고 원칙이 되도록 말이다.

아이가 내 품을 벗어나 사회 구성원이 되었을 때, 자기 몫을 멋지게 해낼 수 있게!

그러려니 참 어렵다. 참 힘들다.

당장 학교에서 받아오는 시험 점수에, 상장 하나에 기분이 업다운 되는 속물 엄마였다가도, 내가 모범을 보여야 아이가 따라오지 싶어 마음 다잡고 내 언행을 조심하게 된다.

잘못을 잡아주기 위해 무섭게 야단을 칠 때마다 쓰린 속을 달래며, 부모가 자식 하나 잘 키우는 것이 애국하는 길이라 생각하며 노력 중이다. 감정적으로 욱해서 화내지 않고, 이성적으로 훈육을 하는 것, 그게 제일 어렵다.

그러다 문득 '신사임당은 어땠을까?'라는 생각이 들었다. 자식들 응석을 다 받아주는 착한 천사바보(?) 엄마였을까? 아니면 엄하면서도 현명한 엄마로 자신을 잘 컨트롤하는 엄마였을까? 아마 후자였을 것이다.

나는 비록 신사임당이 될 수는 없지만, 최선을 다하는 부모가 되고 싶다.

최고의 유산은 좋은 습관이라는 말이 있다. 그러려면 내가 먼저 그 습관들이 몸에 배어있어야 아이가 따라하지 않을까? 우선 배려, 식사 예절, 자신감, 인사, 정직, 책임감 등 이 여섯 가지만큼은 꼭 심어주어야겠다는 마음에 인성교육이라는 낯선 분야에 나름 출사표를 던지고 새로운 모험을 떠나고자 쓴 글이다.

또한 감사, 겸손, 검소 등에 관한 이야기들도 계속해 나갈 것이다.

말 나왔으니 감사해보자. 이 책이 나오게 해주신 별글 대표님, 같이 작업하느라 고생한 서 작가님, 든든한 지원군 신랑님과 놀기 대장 유아나, 마음만은 신사임당인 울 엄마, 나이와 직업, 계급장 다 떼고 뭉친 시아맘과 다인맘 등 '엄마'라는 직장동료들 모두에게 감사드린다.

매일 수시로 만나는 엄마 동료들과 함께 이야기 나누며, 우리 아이들의 인성을 다잡는 여행을 같이 떠나고자 한다. 의외로 빨리 끝나는 여행이 되길 바라면서…….

오늘도 어김없이 가방 셔틀하느라 바쁜 작가 엄마,
김은미

작가의 말 2

바른 인성의 힘은 세다

"어머, 애가 셋이에요?"

"밥 안 먹어도 배부르겠어요. 부러워요."

아이 셋을 데리고 다니면 자주 듣는 얘기다. 이런 말을 들을 때면 어깨가 쓱~ 올라간다. 그러나 돌아서면 어깨가 축~ 쳐진다.

힘들다. 대한민국에서 아이 셋을 키운다는 것은.

한동안 사람들에게 아이 많이 낳지 말라고 앞장서서 말리고 다녔다.

어느 날 아는 분이 내 귀에 소곤거렸다.

"많이 낳으라고 해요. 우리만 이렇게 고생하는 건 너무 억울하잖아요."

그분도 아이가 셋이었다.

대한민국 엄마들은 무섭다. 아이가 잘 크면 엄마 덕, 못 크면 엄마 탓이라는 분위기에 '내가 아이들을 잘 키울 수 있을까?' 늘 두렵다.

나도 그랬다. '어쩌다 아이를 셋이나 낳았을까?' 정신 차려 보니 아이가 셋이라는 엄청난 상황에 도망치고 싶기도 했다.

그런데 무슨 일이든 하다 보면 이력이 붙는다. 셋을 키우면서 갈팡질팡, 좌충우돌의 시간을 거쳐 나름 전문가가 되었다. 아이를 키우는 동안 '결국은 인성'이라는 확신을 가지고 살았다.

가끔은 내가 너무 엄한 부모인가 싶어 흔들리기도 했지만 아이들이 유치원을 가고 학교를 다니면서 칭찬이 이어졌다.

"엄마가 어떤 분인지 궁금했어요."

"우리 반에서 가장 행복한 아이 같아요."

주변의 친구들과 친척들이 부탁을 했다.

"우리 애 그 집에 보낼 테니 인성교육 좀 시켜줘."

"우리 아이 한 달만 키워주라."

요즘은 아이들 친구들이 부탁한다.

"아줌마, 저 좀 입양해주세요."

아무 일 없이 혼자 잘 크는 아이들도 아주 가끔 있다. 그런데 그런 아이가 내 아이가 될 거란 기대는 버리자. 나 없이도 잘 크는 아이를 기르는 건 심심하다. 부모의 역할을 즐길 줄 아는 것도 행복한 일이다.

이왕 낳은 아이, 육아의 과정을 거쳐 인성교육까지 제대로 하자.

교과서에 나오는 평범한 이야기는 생략했다. 직접 아이들 셋을 키우면서 부딪히고 겪어낸 실생활 리얼 버라이어티 인성교육이다.

말만 하는 부모가 아닌 행동하는 부모가 되면 아이들은 잘 자란다. 힘든 시기만 잘 넘기면 웃을 일이 많아지는 게 아이들 키우는 일이다.

그래서 요즘 나는 당당히 권한다. "괜찮아요. 하나는 더 낳으세요."

더불어 사는 세상이다. 인성 바른 사람들이 가득한 세상, '누구 탓'이 아닌 '누구 덕분'이란 말이 대한민국에 울려 퍼지기를 기대하며 세상의 모든 엄마들에게 응원과 박수를 보낸다.

엄마들은 힘이 세다. 그런데 바른 인성의 힘은 상상을 초월한다. 모두가 힘센 엄마, 힘센 인성의 주인공이 되기를 바라며 많은 분들이 이 책을 통해 나의 시행착오를 가뿐히 뛰어넘기를 바란다.

　나만의 이야기를 모두의 이야기로 만들어주신 별글출판사 이삼영 대표님께 감사를 전한다. 더불어 이 모든 이야기의 시작이자 끝인 저희 집 삼남매 보연, 다연, 재원에게 무한한 애정과 고마움을 보낸다.

말은 많지만 행동도 함께하는 힘센 엄마,

서숙원

목차

작가의 말 · 004

1장 인성에 대한 기초

인성이 사라진 무서운 세상이 열리다 ·················· **018**
법으로 인성을 가르치는 시대? ·························· **024**
인성 1등이 공부 1등보다 나은 이유 ···················· **030**
인성 기본 3종 세트 마스터하자! ························ **038**
지금 당장 심어야 할 좋은 말 씨앗 ······················ **048**

2장 배려, 습관의 시작이다

나의 배려심은 몇 점인가? ································ **054**
배려가 사라진 우리의 슬픈 현주소 ······················ **059**
아이비리그는 인성부터 따진다 ·························· **069**
배려도 결국 습관이다 ······································ **081**

3장 자신감, 나에게 명령하라!

- 자신감은 인성을 만드는 에너지 ············· **094**
- 개그맨은 자살하지 않는다 ················· **100**
- 아브라카 다브라 주문을 외워보자 ············ **107**
- 오늘은 최고의 날이야! ···················· **110**
- 저녁에는 셀프 칭찬을 ····················· **114**
- 세상에 없어도 되는 말 ···················· **119**
- 비뚤어진 자신감을 경계하라 ················ **122**

4장 인사는, 하면 된다

- '놈'과 '사람'의 차이 ······················ **126**
- 나의 인사 예절은 몇 점인가? ················ **128**
- 우리 모두 꽃밭에 살자 ···················· **133**
- 인사 잘하는 아이가 엄마 기를 살린다 ········· **136**
- 인사는 학습이다 ························· **138**
- 되로 주고 말로 받는 센스 만점 호칭 ·········· **142**
- 인사가 주는 기쁨을 누리자 ················· **145**
- 인사에 플러스 알파를 더하자 ················ **148**
- 좋은 습관은 대물림된다 ··················· **150**

5장 식사는, 감사합니다

식탁에서 시작되는 가정교육 ····· **156**
사라진 밥상머리 교육 ····· **161**
엄격한 아버지의 깐깐한 밥상머리 교육 ····· **165**
부드러운 한마디 말의 효과 ····· **169**
즐겁게 식사하는 가장 특별한 비법 ····· **171**
식탁 예절, 이렇게 가르쳐라 ····· **174**

6장 책임, 결국은 내 몫이다

책임감 없는 아이, 책임감 없는 어른 ····· **182**
행복한 책임감을 찾아라 ····· **186**
아이의 책임감, 부모가 가르쳐라 ····· **190**
혼자서 해내게 하라 ····· **195**
작은 실패를 즐기게 하라 ····· **198**
세상에 공짜는 없다 ····· **202**
부모여, 게을러져라 ····· **205**
부모여, 배짱을 키워라 ····· **207**
무겁지만 즐거운 책임감을 기르자 ····· **211**

7장 정직, 내 안에 있다

정직한 세상을 꿈꾸는 사람들 ·· **216**
아이는 왜 거짓말을 할까 ·· **221**
믿는 도끼에 발등 찍히지 말라 ·· **226**
거짓말 가르치는 부모 ··· **230**
돈 앞에서 한없이 작아지는 정직 ······································ **233**
삶의 비타민, 하얀 거짓말 ··· **236**
혼자 있을 때 정직해야 진짜다 ·· **240**

8장 부모는 연극배우다

부모, 가정이란 무대의 배우 ··· **246**
엄마가 바뀌면 가족이 바뀐다 ··· **249**
엄마는 우리 집 전등 스위치 ··· **252**
망가지는 엄마, 통 큰 엄마 ·· **254**
애정 표현을 뻥튀기하라 ··· **263**
작은 애정을 매일같이 쌓아라 ··· **266**
엄마를 예약제로 운영하라 ·· **268**

인성에 대한 기초

두 살 버릇 백 살까지 가는 시대로 바뀌었는데 한번 익혀두면 평생 도움이 되는 가성비 좋은 교육이 인성교육이다. 그리고 그 인성교육은 법을 만든 나라가 아니라 부모가 시켜야 한다.

인성이 사라진
무서운 세상이 열리다

해마다 유행처럼 번지는 대표적인 키워드들이 있어 왔다. 힐링, 치유, 에코, 복고의 시대를 지나 지금은 인성의 시대다. 한마디로 '인성이 대세다'.

그런데 도대체 '인성'이 뭘까? 인성(人性)은 사람의 성품, 각 개인이 가지는 있는 사고와 태도, 행동 특성, 즉 사람의 마음가짐과 됨됨이를 말한다. 영어로 'personality'라고 한다.

인성이 이런 거였나 싶을 것이다. 사실 뭐든 글로 써놓으면 어렵게 느껴지는 법이다.

쉽게 말해, 인성이란 한 사람의 몸과 마음에 배인 여러 가지 습관이라고 할 수 있다. 인사 예절부터 말투, 표정, 책임감, 도덕성, 배려심, 정직성, 협동심 등 여러 가지가 포함된다.

그다지 대단하지 않은 것 같은 이 인성이 사라졌다고 요즘 사방에서 난리다. 동방예의지국으로 소문난 대한민국이 동방무례지국이 되었다는 안타까운 소식이랄까.

어쩌다 이 지경이 된 걸까? 머릿속에 물음표가 팝업창 뜨듯이 떠오른다. 인성에 발이 달려 도망을 갔나? 아니면 필름카메라가 사라지고, 스마트폰과 디지털카메라로 사진 찍는 시대가 왔듯 그냥 시대의 흐름이고, 미래로 가는 수순인가?

가족과 함께 뉴스를 보고 있으면, "저런 못된 인간들!" "짐승만도 못한 것들!" "사람이 어떻게 저런 일을 할 수 있을까?" 싶은 사건사고가 쏟아져 한숨이 저절로 나온다. 무섭고 소름끼쳐 아예 TV를 끄거나, 옆에 있는 아이들의 눈과 귀를 슬쩍 가리곤 한다. 조용히 이 나라를 뜨고 싶다는 생각마저 든다.

뉴스에서만 그런 경우를 접하는 건 아니다. 실제로 주변을 둘러보면 바른 인성은 갖다 버렸는지 무례한 사람들이 참 많다.

도대체 인성이 왜 필요할까

우리는 인간이다. 먼 은하계의 나 홀로 별, 어린왕자의 별 같은 곳에서 혼자 사는 게 아니다. 지구별엔 나와 비슷한 사람들이 인종별로 포

화상태고, 우리 모두는 사람들과 매일같이 부딪히며 살아간다.

나 혼자라면 배려, 예절, 존중, 겸손, 믿음 등등 어느 것도 필요치 않을 것이다. 주위 사람들과 나를 비교하면서 스스로만이 대박(!) 느끼는 열등감도 없을 테고, 멋대로 한다고 아무에게도 피해를 주지 않을 것이다. 또한 남이라는 존재가 없으니 내가 피해를 볼 일도 없지 않을까? 하지만 사회라는 울타리의 인간관계 속에서 매일을 살아야 하는 우리에겐 더없이 중요한 것이 바로 인성이다.

〈나 혼자 산다〉라는 TV 프로그램이 있다. 더불어 사는 게 너무 힘이 든 걸까? 혼자 산다는 게 집 안에서의 이야기지, 집 밖에서의 일은 아닐 것이다. 결국 밖에서의 생활에 염증이 나서 혼자만의 시간과 공간이 필요한 것은 아닌지 궁금하다.

사실 더불어 사는 게 버겁고, 힘들고, 혼자인 게 편하니까 다소 이기적인 안일함에서 싱글을 자발적으로 선택하는 사람도 있다는 것이 지극히 개인적인 생각이다. 가족으로 엮이면서 동반되는 관계 속에서 책임져야 하는 것들이 늘어나면, 개인주의를 조금 버려야 한다는 것이 싫어서 말이다.

사람은 콩나물시루 안의 콩나물처럼 바글거리며 살아가야 하는데, 간혹 이걸 못 견디는 이들이 있다.

우선 '소시오패스'가 그럴 것이다. 이는 반사회적 인격장애다. 특히 다른 사람의 권리를 대수롭지 않게 생각하고, 자기 편의에 따라 쉽게 거짓말을 하고, 남한테 사기 치고, 상대방을 공격하고, 무책임함을 보이는 인격장애다. 소시오패스의 가장 큰 문제는 잘못된 행동임을 알면서도 아무렇지 않게 한다는 것이다.

또한 '사이코패스'도 그렇다. 역시나 반사회적 인격장애다. 평소에는 정신병이 잠재되어 있다가 범행을 통해서 드러나는데, 이런 사람은 고통에 무감각하고 양심의 가책을 못 느낀다. 속된 말로 환자다! 요즘 묻지마 폭행, 묻지마 살인에 관한 뉴스들이 자주 등장하는데, 이는 정신질환, 다른 말로 조현병이라고 불리는 환자에 의한 경우가 많다.

그리고 '오타쿠'가 있다. 원래 일본말로 우리나라로 건너와서 '오덕후' 혹은 '덕후'라고도 쓰인다. 특히 우리나라의 덕후들은 남에게 피해를 안 주는 선에서 한 분야에 몰입하는 양상을 보일 때 '달인'처럼 인식되기도 한다.

이 같은 세 종류의 사람들을 통해 느낄 수 있는 것은 인간의 외로움이다. 외로움이라는 풍선이 점점 커질수록 인성이라는 풍선이 바람 빠지며 쪼그라든다. 현대인들은 남녀노소, 너무나 외로운 이들이 많다.

인성 제대로 갖춰야 잘 살 수 있다

사랑을 주고받고, 정(情)을 주고받으며 남의 집 숟가락이 몇 갠지 알고 살던 시절에는 없었던 새로운 캐릭터의 인간들이 자꾸 늘어나고 있다. 앞에서 언급했던 어려운 용어들 말고 인성이 부족한 사람들, 특이한 사람들을 향해 흔하게 쓰는 말이 하나 더 있다.

또라이다! 똘아이! 약간 정신줄 놓고 제멋대로인 사람들 말이다.

이상한 또라이가 급증하고 있는 게 인성 탓이 아닐까 해서 인성을 좀 잡아보겠다고 나선 나에게는 앞날이 너무 구만리 같다. 내가 만난 '또라이'란 주제로 토크 박스를 열면, 몇 날 며칠을 밤샐 듯하다. 정신분석을 제대로 공부한 심리학 박사는 아니지만, 우리 이왕 사는 거, 두 번 살아보는 것도 아닌데 또라이 소리 듣고 살진 말자고 강력하게 말해본다!

우리는 무인도를 탈출해서 세상과 어우러져서 사랑하고, 사랑받고, 행복하게 살아야 한다. 진정 목숨 걸고 지켜야 할 중요한 것이다. 때론 귀찮고 힘들어도 어우러져 살아가는 것이 우리의 몫이다. 그러기 위해서 인성을 제대로 갖춰야 한다. 시대의 흐름이려니 하면서 바른 인성이 그냥 사라지게 방관해서는 안 된다.

요즘 아이들은 유치원을 다닐 때부터 영어, 수학을 공부한다. 그리고 사회로 나가기 위해 학창 시절 내내 정말 많은 스펙들을 쌓고 또 쌓는다. 스펙들이 입사지원서 쓸 때, 사회라는 출발선에 서기 위해서 필요하기도 할 것이다. 하지만 그러다 정작 중요한 인성을 놓치고 있는 게 올바른 선택일까?

길게 보면 결국 인성을 제대로 갖춘 사람이 사회에 나가 잘 산다. 일을 해도 눈에 띄고, 결혼을 해도 좋은 가정을 꾸린다. 인생의 행복을 만들어가며 두고두고 죽을 때까지 써먹는 게 인성이다.

나와 가족, 우리 아이의 미래를 위해 이제 인성에 투자하자. 내 몸에 배인 인성은 숨은 내공이 되어 평생 두고두고 쓰는 인격과 인품으로 남을 것이다.

법으로 인성을
가르치는 시대?

'인성교육진흥법' 실시! 2014년 12월 29일 만장일치로 법안 통과! 2015년 7월 21일부터 인성교육진흥법이 실제로 실시되었다!

우리네 조상님들이 아시면 뒤로 넘어가거나 무덤에서 뛰쳐나와 기함할 일이다. 선조들이 살았던 먼 옛날까지도 가지 않고 내 어린 시절 정도만 봐도 인성교육은 기본이었다.

할머니, 할아버지, 엄마, 아빠, 삼촌, 이모, 고모 등 가족과 친인척부터 학교 교사는 물론이고 이웃사촌인 동네 아줌마, 아저씨까지 인성교육을 자처하고 나섰다. 나보다 어르신이면 죄다 청소년의 인성 지도자나 마찬가지였다.

그런데 지금은? 어른들이 무서워서 아이들에게 말을 못하는 세상이 되어버렸다. 교복 입고 담배 피는 아이들에게 한마디라도 하려고 용기를 낼까 말까 망설이다가 결국 그냥 지나치는 어른이 태반이다.

남의 자식은 그렇다 치고, 자기 자식마저도 인성교육을 슬쩍 무시하고 넘어가는 가정이 많다 보니 인성교육진흥법까지 만들어진 것이다.

아이를 키우면서 많이 듣는 소리가 있다.

"애 혼내면 기죽는다."

혼내보지도 않고, 애 기죽을까봐 못 혼낸단다. 물론 혼내기만 하면 아이가 기죽는 건 맞다.

아이를 쥐 잡듯이 하면, 아이는 기만 죽는 게 아니라 꿈도, 희망도, 사랑도 다 죽는다. 훈육과 교육 차원에서 옳고 그름을 바로잡으라는 것인데, 부모가 성질나서 욱해서 열받아 소리 지르고 화내니 아이가 기죽는 거다.

올바른 훈육과 교육 그리고 그 뒤에 부모의 무한 사랑을 주면 아이는 기죽지 않는다! 아이에게 주는 충분한 사랑으로 다 치유된다.

한번은 독일에서 온 친구 부부랑 저녁을 먹을 때였다.

우리 아이가 식당에서 장난을 치니까 신랑이 아이를 꾸짖었다. 그 모습을 본 친구가 독일의 자녀교육 이야기를 해주었다.

"너희 부부는 아무것도 아니야. 독일 부모는 죄다 친부모 맞나 싶다니까. 애들이 식당에서 난장 부리면 갑자기 한쪽으로 데려가서 귀싸대기를 날리는데 정말 무섭더라."

어쩌다 본 게 아니라, 여러 번 봤다면서 독일 부모는 진짜 엄하게 아이를 키운다며 혀를 내둘렀다.

그런데 그렇게 엄하게 자란 독일 사람들이 다 기죽어 있는가? 아니다. 절대 아니다. 그들은 세계 어디에서도 당당해 보이고, 기가 살아있는 민족이다.

전에는 아이들이 잘못하면 내 자식 아닌 남의 자식이라도 혼내며 교육을 했다. 하지만 지금 세상은 남의 자식 혼내는 건 금기요, 합법적으로 아이들을 교육하는 교사조차 아이 한번 혼내려면 부모 눈치, 경찰서 눈치를 봐야 하니 그냥 시대의 흐름이려니 해야 하는 걸까?

인성교육은 가성비가 '갑'이다

2013년 한국교육개발원의 여론조사 결과, 우리나라 학생들의 가장 큰 문제가 '학생들의 인성, 도덕성 약화'라고 응답자의 48퍼센트가 대답했다. 그리고 인성과 도덕성의 수준 또한 낮은 편이라고 인식하고 있다. 오죽하면 나라에서 마음이 급해져서 '학생들의 인성이 너무 부족하다. 심각한 수준이다'라는 판단을 하기에 이르렀겠는가.

숫자로 보니 마음이 더 무겁다. 전 국민을 대상으로 한 여론조사는 아니지만, 어른들이 바라보는 우리 아이들의 인성 수준이 이렇게 형편없어 보인다는 건 내 얼굴에 침 뱉기다.

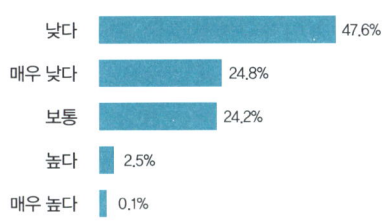

현재, 대한민국의 모든 학교에서는 의무적으로 학생들에게 인성교육을 시키고 있다. 현직 교사들은 일정 기간 인성교육과정을 연수하고 예비교사들은 인성교육역량 강화 교과목을 이수한다. 나아가 군대에 가서도, 회사에 입사해서도 인성교육을 받아야 한다. 이제 우리 부모들의 고민은 끝일까?

솔직히 인성교육진흥법을 정부 차원에서 실시한다는 것은 아주 많이 부끄러운 일이다. 개인의 인성을 관리하는 나라가 세상에 또 있을까 궁금해진다.

'먹고 살기도 바쁜데 뭔 인성? 우리 때는 알아서 잘 컸어. 공부만 잘하면 되지.'

이런 안이한 마음이 인성 부재의 대한민국을 만들게 된 것이다.

인성교육진흥법이 나온 이후 강남의 발 빠른 학원가에서는 인성을 급하게 습득하고, 인성이 있어 보이게 하는 학원까지 등장했다. 하지만 사교육으로 하루아침에 바른 인성을 기를 수 있다, 없다? 벼락치기 공부로는 잡을 수 없는 것, '~ 척'으로는 안 되는 것이 인성이다.

두 살 버릇 백 살까지 가는 시대로 바뀌었는데 한번 익혀두면 평생 도움이 되는 가성비 좋은 교육이 인성교육이다. 그리고 그 인성교육은 법을 만든 나라가 아니라 부모가 시켜야 한다.

영화 〈아이언맨〉의 주인공 토니 스타크의 실제 모델이자 세계적 전기자동차 회사인 테슬라 모터스의 CEO인 앨런 머스크의 어머니인 메이 머스크. 그녀는 일흔에 가까운 나이에도 왕성하게 활동하는 패션모델이자 세계적인 영양학자다.

메이 머스크는 앨런 머스크 말고도 두 명의 자녀가 더 있는데, 한 명은 요식업체 CEO로 잘나가는 인물이고, 또 다른 한 명은 촉망받는 영화감독이다.

세 자녀 모두를 잘 키운 메이 머스크의 자녀교육 관련한 기사를 읽은 적이 있다.

"그저 예의 없는 말투나 행동을 가장 중요시했다. 식사시간의 예절은 엄하게 가르치되, 다른 잔소리를 하진 않았다. 다만 부지런히 사는 내 모습을 보여줬을 뿐이다."

그녀는 혼자 아이들을 키우느라 먹고 살기 바빴다. 그런 그녀가 아이들에게 가르치고 강조한 건 인성뿐이었다. 그리고 나머진 최선의 다해 삶을 살아가는 어머니의 모습, 그대로를 보여주었다. 이렇듯 인성교육은 부모가 해야 하는 1순위다.

메이 머스크는 예나 지금이나 자기 삶에 최선을 다해 살면서 자녀들에게 당당하다.

그렇다면 우리나라의 어른들, 부모들의 인성은 아이들을 가르칠 만한가? 과연 바른 인성교육은 어디서부터 어떻게 시작해야 할까?

학원공화국이기도 한 대한민국에 어른을 위한 인성학원이라도 만들어야 할까 하는 엉뚱한 생각도 든다. 혹은 '인성저울'을 제작해서 특허라도 낼까 싶기도 하다. 체중계에 올라가 몸무게를 재는 것처럼 매일 인성저울에 올라가 인성을 재는 것이다.

"어? 인성이 많이 빠졌네? 요즘 내가 거짓말을 너무 많이 했어. 정직해져야겠어. 어제 욕심을 너무 부렸나? 조금만 참고 양보할 걸……."

"오~ 오늘은 인성무게가 많이 늘었네? 역시 예의 바르고 책임감 있게 행동한 건 잘한 일이야. 내일은 인성무게를 더 늘여봐야겠어. 인성돼지가 되어야지!"

상상만 해도 뿌듯하다. 이 사업은 망해도 되니, 여러분은 부디 인성부자 되시길~!

인성 1등이
공부 1등보다 나은 이유

가까운 지인의 이야기다. 편의상 이름을 오 여사님이라 하자.

오 여사님은 딸, 아들 남매를 뒀는데, 그 남매는 최고 레벨의 엄친녀, 엄친아였다. 반에서 1등은 물론이고, 늘 전교 1등.

오 여사님이 직접 전 과목을 가르쳤고 약 35년 전인데도 외국인이 직접 그 집에 와서 영어회화를 공부했다. 엄청난 남매는 중학생 때 이미 미국인과 프리토킹이 가능했고 영어 원서를 줄줄 읽었다. 당시는 중학교에 가서야 알파벳을 배우던 시절이니, 그게 얼마나 대단한 일이었는지 모른다.

그런데 그 집은 이상하게 사람들이 놀러가도 남매 얼굴을 볼 수 없었다. 남매는 분명 방에 있는데도 친척 어른들이 가도 인사하러 방 밖으로 나오지 않았고, 사촌들이 놀러가도 마찬가지여서 그냥 사촌들끼리만 놀았다.

왜 그랬을까? 오 여사님 왈.

"공부할 때 들락거리면 공부의 맥이 끊어져~."

인사 한번 한다고 끊어질 맥이면 끊어지는 게 낫다는 게 내 생각이다. 하지만 나와는 다른 오 여사님은 그러셨다.

워낙 공부를 뛰어나게 잘하는 남매라 친척들도 버릇없다고 꾸짖기보다 "집중력 최고인 아이들"이라며 칭찬이 자자했다. 오 여사님의 자식 사랑은 그야말로 끔찍해서 간식도 모두 최고급 수제 간식에, 비싼 선물도 팍팍 쥐어줬다.

그런데 오 여사님은 최고급 수제 간식을 자기 자식들만 먹이고, 집에 놀러온 친구들은 안 줬다. 게다가 그 잘난 남매는 나눠먹는 건 생각지도 못하고 자기끼리만 냠냠 먹어치웠다.

자식 인성교육 나 몰라라 한 오 여사

그렇게 공부하던 남매는 최고의 특목고에, 명문대를 들어갔다. 반전은 지금부터다!

명문대를 졸업하고 전문직에 종사하게 된 딸이 결혼 후 부모와 사이가 나빠졌다. 모범생이라 공부는 잘했지만 효녀는 아니었다. 한번 대판 싸우더니 딸은 부모와 연락을 끊어버렸다. 오~ 불쌍한 오~ 여사님.

그러면 아들은? 물론 그 아들도 최고의 엘리트급 학력과 직장을 거머쥐었다. 문제는 결혼이었다. 맞선시장에서 특A급이었던 아들이 사랑하는 사람이라면서 D급 신부를 데려왔다. 부잣집 며느리를 꿈꾸던 오 여사님은 뒤통수를 또 한 번 크게 맞았다. 기대가 컸기에 실망도 대단했고 오 여사님은 천륜을 끊겠다며 머리 싸매고 결혼을 반대했다. 그러자 그 아들은 사랑을 찾아 떠나며 모질게도 엄마를 버렸다.

결국 공부 잘하는 남매 덕에 학창 시절엔 친척들, 친구들의 부러움을 온몸에 받던 오 여사님은 지금은 주위의 동정과 위로, 연민을 받는다. 그리고 그렇게 그 집 남매를 칭찬하며 자기 자식을 구박하고 부러워하던 주변 사람들은 태도를 바꿨다.

"그렇게 공부, 공부 하더니 저렇게 될 줄 알았지."

"그러게 사람은 끝까지 살아봐야 하는 거야."

"누굴 원망해. 부모가 잘못 가르친 탓이지!"

오 여사님은 노년에 외로운 날들을 보내고 있다.

자식과의 왕래가 끊어진데다가, 그 자식들 공부를 핑계로 가족 모임, 친구 모임을 제쳐왔던 탓이다. 놀아줄 사람도 없고, 가슴에 화(火) 덩어리 안고 화병을 키우고 있다.

"내가 지들을 어떻게 키웠는데."

"내가 지들 때문에 얼마나 숨 막히게 살았는데."

누굴 탓하는 걸까? 오 여사님의 과한 욕심이 자기 인생을 그렇게 만든 거지.

바른 인성교육으로 인생역전한 김 여사

이번엔 오 여사님의 친구를 소개시킬까 한다. 이번엔 김 여사님.

김 여사님은 아들만 셋을 뒀다. 요즘 아들 셋이면 길에서 죽는다는 우스갯소리도 있지만, 그건 사람 나름이다. 그 아들 셋은 키울 때 공부를 썩 잘하지 못해서 김 여사님은 어디 가서 큰소리 한번 못 쳤다. 특히나 오 여사님을 만나는 날이면, 기가 팍팍 죽고 스트레스를 왕창 받곤 했다.

그런데 김 여사의 아들들은 얼마나 다정하고 살가운지 엄마를 끔찍하게 사랑했다. 중고등학교를 다닐 때 하라는 공부는 안 해도, 부모한테 마사지를 해주고, 같이 뒹굴거리며 수다를 떨었다. 딸 같은 아들들이랄까? 청소랑 요리도 잘해서 친척들이 놀러가면 어른들에게는 커피 타드리고 사촌들에겐 라면 대접을 잘했다.

그들이 성인이 된 지금은 어떨까? 셋 다 지방대를 졸업하긴 했지만, 자기 적성을 잘 살려서 서울의 대기업과 공기업에 척척 붙었다.

친척들은 이구동성으로 칭찬한다.

"그 회사, 사람 볼 줄 아네. 인간성으로 뽑았나 보다!"

사실 이력서에 적힌 스펙도 중요하지만, 제일 중요한 건 면접에서 드러나는 인성이다. 게다가 사람 좋은 그 집 아들들은 자신들만큼 착한 아내들을 맞이했다.

김 여사님 부부는 시부모에게 잘하는 세 명의 딸까지 얻은 셈이다. 그러니 김 여사님, 아들과 며느리들의 효도를 받으며, 노년을 행복하게 잘 살아가고 있다.

그러자 입 간지러운 주변 사람들이 또 한마디씩 거든다.

"그래, 공부 잘하는 놈이 효도하는 거 봤어?"

"아무튼 자식은 마음을 반듯하게 키워야 해."

"정말 자식 잘 키웠다. 부럽다."

이런 걸 '자식역전'이라고 한다. 살면서 인생역전은 한번씩 꿈꾸기 마련이다.

'로또만 돼 봐라. 인생은 한방이야~.'

돈으로 한방에 인생역전 되는 거? 한방에 간다!

여러분은 자식한테 쩔쩔매지 말고, 잘 키워야 한다. 공부 1등이 아닌 인성 1등인 자식 덕분에 인생역전까지는 안 되더라도 아마 노년이 너무 외롭지는 않을 것이다.

포기하지 말아야 할 인성

일본에 노년 인구가 너무 많다고 한다. 이와 관련해 한번은 어처구니 없는 기사를 읽은 적이 있다. 일본에서 노인들의 범죄, 단순 절도죄 등이 급증하고 있다는 내용이었다.

이유인즉, 독거노인 신세가 너무 싫고 외로워서 감방에 가고 싶다는 것이었다. 감방에서는 밥도 주고, 친구도 생기고, 아프면 약도 주고, 간수가 점호하면서 이름도 불러주니 외롭지 않다나?

노인 인구가 늘고 있는 우리나라의 미래는 이렇게 되지 말아야 한다. 나이 들어 "자식 때문에 괴롭다" "자식이 원수다" "자식 때문에 죽지도 못한다"라고 말해서는 안 된다. 자식을 인성 1등으로 키워서 하하호호 웃을 일 만들길!

그렇다고 공부 잘하는 아이가 인성이 나쁘다는 건 절대 아니다! 단, 공부와 인성 중 딱 하나를 선택해야 한다면, 망설이지 말고 인성을 선택하자.

인성 엉망인 아이가 공부 잘해서 좋은 대학 가고 사회적으로 영향력 있는 위치에 있으면 그 밑에 많은 사람들이 괴롭다. 머리에 뿔 달린 외눈박이 거인만 괴물이 아니다. 괴물보다 무서운 게 괴물인간이다. 우리, 괴물인간은 키우지 말자.

물론 공부와 인성 두 마리 토끼를 다 잡으면 가장 좋다. 너무 어렵다고? 우리가 또 그 어려운 걸 자꾸 해내야 되지 말입니다!

 돌이켜보면 오 여사님은 완벽한 중년을 보내는 듯했다. 애들 공부 잘 시키고, 살림 잘하고, 그런데 뭐가 부족했을까?

 '공부가 최고다. 공부에 방해되는 건 인사고 예절이고 다 무시해라. 너에게 필요한 것만 챙겨라.'

 이런 이기심을 가르친 것이다. 친척 어르신이고, 사촌들이고 죄다 싹 무시한 거다. 사람이 살아가는 데 필요한 최소한의 기본예절조차.

 오 여사님네 남매는 부모의 가르침에 충실했을 뿐이라는 생각이 든다. 안 배운 걸까, 못 배운 걸까? 배운 대로 부모를 무시한 것이다.

 반면, 김 여사님 댁은 어떨까? 공부는 좀 부족해도 더불어 사는 법을 가르쳤다. 이타심이 뭔지, 효가 뭔지, 예절이 뭔지. 배려가 뭔지…….

 김 여사님 역시 그런 사람이었다. 과자가 생기면 자기 아들들만 주지 않고 나눠주고, 아이들이 공부를 좀 못해도 닦달하지 않고 좀 기다려주고, 그러니 아이들 표정이 늘 싱글벙글했다.

 미국의 유명한 심리학자가 한 말이 있다.

 "두 남녀가 결혼해서 사는 것은 여섯 명이 한 집에 사는 것이다."

 여섯 명? 신랑과 신랑 부모, 신부와 신부 부모 이렇게 여섯 명이다. 성인이 돼서 죽을 때까지 자식은 부모의 영향을 받는다는 의미이다. 그만큼 자식의 인생에 부모의 영향은 절대적이니 아이를 키울 때는 좀 더 책임의식을 갖자.

(작은 목소리로) "지금 여러분의 침실에 여섯 명이 있대요~."

무섭다고 겁먹지 말고 자식의 삶에 막대한 영향을 끼치는 부모로서 부모 역할을 잘할 거라 믿는다. 이미 이 책을 읽고 있는 독자라면 확실하다!

인성 기본
3종 세트를 마스터하자!

　인성이 좋은 사람은 소통할 때 빛난다. 소통이란 무엇인가? 즉, 표현이다. 표정과, 행동과 말을 통해 표현할 때 그 사람의 인성이 보인다.

표현 = 표정 + 행동 + 말

　이제 바른 인성을 익혀보자. 배우고, 다짐하고, 결심하고, 실천하자! 인성이 훌륭한 사람이 되기로 말이다.
　로또를 사본 적도 없으면서 로또에 당첨되게 해달라고 기도하면 어느 전지전능하신 신일지라도 기도에 응답하기란 불가능할 것이다. 그러니 일단 우리 결심부터 하고 시작하자.

첫째, 표정으로 스마일라인을 만든다

인성은 표정을 통해 제일 먼저 드러난다. 고로 인상이 반이다.

사람은 상대방이 말하거나 행동하는 것을 보기 전에 얼굴 표정만 스캔하고도 인성을 대략적으로 짐작한다. 첫인상이 가장 중요한 이유다. 사람은 상대방의 첫인상을 5초면 파악한다고 하는데, 그 5초가 내 인생을 쥐락펴락할 수도 있다. 그래서 얼굴이 명함이다.

그런데 대부분의 한국 사람들 표정은 어떨까? 정답은 무표정이다!

여기서 잠깐! 통계상 대한민국 사람들이 톡에서 제일 많이 쓰는 이모티콘은 어떤 표정일까? 웃는 표정? 아니다. 슬픈 표정이다.

그렇다면 여러분은 어떤 표정을 좋아하는가? 나는 상대방이 웃는 걸 보고 싶지, 나를 무섭게 째리거나 짜증 내는 표정을 보고 싶지는 않다. 대부분의 사람은 나와 같은 생각일 것이다.

나는 이목구비가 뚜렷해서 다소 인상이 강하다. 그래서인지 내가 웃고 있질 않으면 좀 무서워 보이고, 말 걸기 힘들다는 말을 종종 듣곤 했다.

예전에 〈개그콘서트〉 작가를 하던 시절의 일이었다. 공채 동기인 개그맨 정형돈 씨와 권진영 씨가 신인일 때 내가 지나가면 기둥 뒤에 숨어 있었다고 한다. 무섭고 깐깐해 보이는 탓에 말 붙이기 싫어서 말이다.

사실 얼굴이 좀 쎄(?) 보이기는 해도 성격까지 그런 사람은 아니다. 내 입으로 말하기 민망하지만 개그우먼 송은이 씨는 날 "천사"라고 불러주기도 했다. 고등학교 때는 참한 새댁이라는 별명도 있었다. 그러니 많이 억울한 일이었다.

나중에 친해진 다음에 권진영 씨가 이런 말을 했다.

"언니는 눈이 10시 방향이었어. 그래서 나 무서웠어."

아~ 뒤통수를 큰 망치로 맞은듯 충격을 제대로 먹은 나는 그 뒤로 차라리 웃는 바보가 되기로 결심했다. 안 그런 사람인데 첫인상으로 오해받기는 싫었다. 오해든 진실이든 내 얼굴이니까, 인상에 대한 책임은 내가 져야지 싶어서, 항상 이왕이면 미소 짓고, 웃는 표정을 하고 있으려고 노력한다.

내겐 초등학생 딸아이가 있는데 간혹 내가 멍 때리고 있으면 "엄마, 기분 안 좋아?" 하면서 눈치를 살핀다. 아이는 부모의 표정에 따라 기분이 많이 좌우된다. 부모의 표정이 밝으면 더불어 밝은 아이로 자라고, 항상 우울하고 짜증내는 부모 밑에서 자라면 더불어 그렇게 자란다.

회사도 그렇지 않은가. 회사 대표가 인상을 팍팍 쓰면서 심기불편해

하면 직원들도 눈치 보느라 마음이 안 편하다. 학교에서도 교사가 짜증 가득 담아 무서운 얼굴만 하고 있으면 학생들도 학교가 싫어지는 법이다.

아이가 초등학교 처음에 들어갔을 땐 유치원과 다른 분위기에 적응을 못하더니 언젠가부터 학교 가기를 즐거워한다.

"엄마! 우리 선생님 너무 재미있어!"

이러면서 말이다.

초반에는 엄격하셨다가 그다음엔 아이들을 재미있게 해주시는 선생님. 아이들을 쥐락펴락하는 베테랑이신 거다.

이렇듯 표정은 상대방을 배려해주는 가장 좋은 인성의 한 가지 덕목이다. 지금 누군가와 함께 있다면, 세상 고민 혼자 다 짊어진 사람처럼 인상 쓰지 마시라! 한 번의 미소로 세상일이 바뀔 수도 있으니.

나 어릴 적에 '바보'는 '바라볼수록 보고 싶은 사람'이라는 유행 아닌 유행어가 있었다. 거울 속의 나를 들여다보고, 바보가 될지, 그저 그런 인상파로 남을지를 스스로 결정하자. 웃는 얼굴이든 짜증나는 얼굴이든, 훗날 어떤 성형보다도 강한 이미지가 되어서 여러분의 인상으로 깊게 남을 것이다.

아이라인을 그려서 뚜렷하고 예쁜 눈도 좋지만, 입가에 만들어진 스마일 라인은 평생 예쁘다는 소릴 듣게 해줄 것이다. 썩소를 짓는 조커의 미소가 아닌 웃는 얼굴의 스마일 라인으로 예뻐지고, 멋있어지자!

지금은 개그맨들도 많이 예쁘고 잘생겼지만, 솔직히 말해서 전에는 개그맨들 중에 좀 못생긴 친구들이 많았다. 한번은 너무나 못생긴 개그맨이 다가오더니 씩 웃으면서 내게 말하길.

"작가님이랑 나랑 되게 닮았어요."

그러면서 배시시 웃는 것이다.

"헐~ 죽을래?"

"눈 두 개. 코 한 개. 귀도 두 개. 똑같죠? 흐흐흐."

얼굴은 못생겼는데 항상 웃고 다니고, 늘 나를 웃게 하니 그 개그맨과 점차 정이 들었다. 그러다 보니 인상도 좋고 예뻐 보이기까지 했다.

웃는 얼굴에 침 못 뱉는다는 명언, 그대로 말이다!

둘째, 모든 행동에 눈치, 코치, 센스를 더하라

모르는 누군가를 처음 만났을 때 표정, 첫인상이 인성의 반이면 그 나머지 반은 인사다. 인사만 잘해도 성공한다는 말이 있다.

그런데 요즘 아이들은 정면으로 얼굴을 안 마주치면 슬쩍 넘긴다. 못 본 척, 봤어도 못 본 척, 정확히 정면으로 마주치면 그때서야 인사를 하는 것이다. 그것도 45도 인사로. 정면도 아니고 측면으로 45도 말이다. 목소리는 대개 무음 처리한다.

몸은 앞을 향해 있는데 어떻게 된 게 머리는 사선으로 인사를 한다. 인사를 정확히 제대로 받으려면 내가 그 사선 위치로 몸을 부지런히 움직여야 한다.

부끄러운가? 쑥스러운가? 아니면 귀찮은 건가? 하기 싫은가? 못 배운 건가? 머릿속에 물음표들이 또 팝업창처럼 마구 떠오른다.

내가 꼴도 보기 싫어서나, 특별한 악의가 있어서 그런 건 아님을 알지만, 귀차니즘은 정말 없어져야 하기에 강조해본다. 인사는 인성에서 무척 중요하므로 뒤에서 다시 다루겠다.

표현 방법인 행동에는 인사만 있는 게 아니다. 거의 모든 행동에서 귀차니즘을 버려라.

내가 막내작가 시절이었다. 어떤 프로그램의 피디님이 단 한 가지를 당부했다.

"난로 앞에 가지 마라!"

요즘은 사무실에 난로가 잘 없지만, 당시 KBS는 겨울엔 추워서 난로를 켜놓았다. 그런데 내가 들어가기 전에 있던 막내작가는 난로 앞에만 있다가 잘렸다고 한다.

막내들은 어느 회사나, 어느 분야나 다 그렇듯이 다양한 잡일과 막일을 도맡아 하기 마련이다. 그러기 위해서는 '부지런함'이 필수다. 민첩한 행동과, 눈치 백단에 센스 만점 그래야 선배들, 상사들, 동료들 사이에서 잘 살아남을 수 있는데, 내 앞에 계시던 막내님(!)은 서열은 막내인데, 늘 부장님처럼 난로 앞에서 불 쬐고 계셨단다.

'눈치, 코치, 센스' 있는 행동들로 다른 이들에게 당신의 마음을 표현한다면, 칭찬이 따라올 터이고, 그 칭찬들이 모여 좋은 인성에 한 표 더 해질 것이다.

셋째, 말은 내 인격이다

표정을 담는 얼굴이 내 명함이면, 말은 내 이력서다. 얼굴이야 마주치면, 명함처럼 즉시 그 사람을 대충 파악하게 된다. 하지만 말은 이력서처럼 좀 찬찬히 들여다보이는 스펙의 나열이다.

60대 이상의 어르신들이 들으면 웃을 것이다. 하지만 내 나이만 되어도, 상대방과 말을 나눠보면 그 사람이 지나온 세월이, 지나온 삶의 굴곡이 대충 느껴진다.

말이라는 것이 버릇이고 습관인지라 사람의 인격이 그대로 담겨있다. 그래서 말버릇은 바꾸려고 했을 때 이미 늦은 경우가 많다. 이미 내 뼛속까지 물든 습관들은 후회할 때 가서 바꾸기란 좀처럼 쉽지 않으니 어려서부터 잘 길들여야 한다.

한번은 버스를 탔는데, 고등학교 하교 시간이었던지라 교복 입은 학생들이 우르르 탄 적이 있다. 모두가 왁자지껄한 가운데, 난 한국말을 100퍼센트 이해할 수가 없었다.

이건 욕으로 시작해서 욕으로 끝나는 정체불명의 언어였다. 분명 다들 각자의 이름이 있을진데, 우리 10대들은 친구들에 의해 죄다 땡땡새끼 아니면 땡땡자식, 땡땡년으로 불렸고, 개는 왜 그리 사랑하는지 아이들 말투를 따라하자면 개시끄러웠다!

"나 쌍수하고 싶은데 허락 개 안 해줘. 너 오늘 아라 죽인다."

줄임말은 또 뭐 그리 많은가. '쌍수'는 쌍꺼풀 수술이고, '아라'는 아이라이너를 줄인 말이고, 허락 역시 '개' 안 해준단다. C로 시작하는 한국말은 미국의 F에 견줄 만큼 많았고, 한국말이 원래 그랬던가 싶을 정도로 고운 말이 없었다.

10대의 꽃 같은 나이에 꽃 같은 얼굴을 한 애들이 입은 꽃 같지 않았다.

"죽을래? 너 죽었어. 너 죽어! 나 죽을 거 같아……."

쉽게 쓰는 이 말인즉 이렇게 들렸다.

"You wanna die? You will die. I will kill you. I will die……."

번역해 보니 더 끔찍했다.

손버릇은 잡는데, 말버릇은 왜 안 잡을까? 우리 이왕이면, 말도 곱게, 좋게 쓰도록 가르치고, 나부터 실천해야 한다.

초등학교 때 '고운말 쓰기'에 뽑혀서 부상으로 준 배지를 달고 학교에 다닌 적이 있다. 자리가 사람 만든다고, 그 배지 때문에도 한동안 나는 꼭 고운 말을 썼다.

자고로 말을 예쁘게 해야지, 거칠게, 무섭게, 부정적으로, 삐딱하게, 나쁘게 하면 내 인생도, 내 몸도, 마음도 그렇게 변해가기 마련이다.

말발로 먹고 사는 이들로 개그맨, 예능 프로그램을 하는 MC나 패널로 앉아있는 연예인, 아나운서, 라디오 DJ 등을 꼽을 수 있다. 이들이 말 한마디 잘못 내뱉었다가 사과방송하고, 방송 몇 달씩 쉬면서 자숙해야 하는 것처럼 일반인인 우리도 내 입에서 나간 말이 흘러가는 물에 그냥 씻겨나가는 것이 아니라 누군가에게는 위로가 되기도 하고, 상처가 되기도 한다는 걸 명심해야 한다.

돌직구라는 말을 들어봤는가? 직언이다. 돌려 말하지 않고, 있는 그대로 느낀 그대로 말해버리는 것. 마음 안 다치게 하려고 너무 돌려 말할 때 말귀를 못 알아듣는 이들도 있다. 이럴 땐 돌직구도 가끔 필요한데, 그걸 적재적소에 잘 써먹는 현명함으로, 지혜를 담아 말을 한다면 좀 더 많은 사람들이 당신을 따를 것이다.

오래전 국민배우 이영애 씨랑 파일럿 프로그램으로 토크쇼를 한 적이 있었다. 얼굴도 예쁜데 이영애 씨는 말도 참 차분차분, 고운 목소리로 천사처럼 말했다. 웃기지도 않고 너무 조용조용해서 과연 토크쇼가 진행이 될까 걱정을 했었는데, 그날 게스트로 나온 강수연 씨랑 이영자

씨가 녹화 끝나고 한마디했다.

"예쁜 목소리로 곱게 질문을 하고 진심을 다해 들어주니까, 질문에 대답을 안 할 수가 없네요. 없는 죄도 자백하라면 다 하겠어요. 이런 MC도 좋군요."

토크쇼 MC는 목소리가 크고 말발이 세야 한다는 고정관념을 깨고, 고운 말이 중요하구나 생각했던 날이다.

어른 말을 듣지 않는 아이는 있어도, 어른을 안 따라하는 아이는 없다. 우리가 10대 이전의 언행들은 대개 부모님에 의해 많이 좌우된다. 보고 배운 것의 대부분이 그것들인지라 그렇다. 그러니 내 아이를 바르게 키우고 싶으면 내 말버릇부터 고치는 사람이 되어야 한다는 걸 명심하자.

모든 것은 타이밍이라는 게 있다! 물론 그때를 조금 벗어났다고 해서 불가능이란 딱지를 붙일 필요는 없지만, 이왕이면 좋은 타이밍에 해두면 인생을 돌아가지 않고 지름길로 갈 수 있으니 얼마나 좋은가.

내가 항상 조심하는 세 가지가 있는데, '차조심, 사람조심, 말조심'이다. 이 세 가지만 조심해도 세상 사는데 속 끓일 일의 반은 줄어드니까.

지금 당장 심어야 할
좋은 말 씨앗

입에서 나오는 말들이 밝아지면 사람도 자연히 밝아지는 법이다. 말은 머릿속에 담긴 나의 생각이고 나의 마음이다.

"만날 공부하기 싫어 죽겠네."

"힘들어서 미치겠네……."

이런 식으로 입방정 떨지 말고, 빈말이라도 좋은 말을 자주 하다 보면 행동도 그렇게 따라간다고 확신해본다.

이렇게 표정이나, 행동, 말의 표현들이 좋아진다면? 당연히 인성도 한걸음 나아가는 것이다.

말이 씨가 된다고 한다. 좋은 씨를 많이 뿌려서, 좋은 열매를 맺기 바란다. 인성 요리는 즉석떡볶이처럼 즉석요리가 아니다. 씨를 심어서 정성스레 가꿔야 싹이 나고, 자라서 꽃이 피고 열매를 맺듯이 좋은 말의 씨를 심을 수 있는 때가 바로 지금이다!

'사랑해' 말 씨앗

말에 관한 씨앗 중에 지금부터 심어두면 좋은 말 씨앗 하나 소개해본다.

"사랑해."

여러분은 이 말을 얼마나 자주 하는가? "난 너무 많이 하는데요"라는 사람들이라면 정말 다행이다. 하지만 나는 '사랑해'란 말을 해본 적이 거의 없다.

지금도 내 아이한테나 하지, 정작 남편이나 우리 엄마나 동생들한테도 사실 자주 하는 편이 아니다. 왜? 솔직히 고백하자면 부끄럽고 쑥스럽다.

나는 10, 20대 때 '사랑해'라는 말을 씨앗으로 심은 적이 단 한 번도 없었다. 안 해봤으니 어색한 거다. 그래서 누가 내게 그 말을 하면 닭살이 돋았다.

그러다 지금의 남편을 만나 결혼을 했는데, 이 사람은 그리고 우리 신랑의 어머니, 나의 시어머님은 모자(母子) 사이에 "사랑해"라는 말을 너무 흔하게 하는 사이었다. "밥 먹었어?"처럼 "사랑해"가 흔했다. 그러더니 그 흔한 말이 나를 향했다.

신랑이 나를 사랑한다고 하는 거야 남자가 사랑하는 여자에게 하는 거니까 그렇다 치고, 시어머님이 내게 "사랑한다" 하시는데, 난 꿀 먹은 벙어리가 되었다.

내가 한 대답이라고는 고작 이거였다.

"네……."

이튿날도 또 말을 건네셨다.

"사랑한다."

"네……."

자꾸 대답만 짧게 하기만 민망해서 그다음에는 조금 발전시켰다.

"저도요……."

그렇게 하루이틀, 한번은 친구에게 "시어머니가 나한테 자꾸 사랑한다 하시는데, 나는 그 말이 왜 안 나오지?" 그랬더니 그 친구가 이렇게 하란다.

"어머니, 전…… 사랑은 아직……. 죄송해요."

둘이 말해놓고 한참을 웃었다.

사실 며느리가 시어머니를 사랑하려면, 사위가 장모님을 사랑하려면 한 가족이 된 뒤에도 많은 시간을 함께해야 할 것이다. 미운 정, 고운 정이 쌓여야 할 테니까!

결혼한 지도 꽤 오랜 시간이 흘렀지만, 그래도 아직 어렵다. 습관 들이기가 그만큼 어렵다는 거다. 그러니 아름다운 말의 씨앗은 어려서부터 심어두자. 아이에게도, 우리 자신에게도 심어두면 언제고 그 씨앗은 반드시 꽃을 피운다.

씨앗은 종류가 많다. 사랑해 말고도 고마워, 미안해, 행복해 등등. 자주 심자. 씨앗을 언제 심냐고? 지금이 바로 그때이다!

2장
배려, 습관의 시작이다

배려의 사전적 의미는 "누군가를 도와주거나 보살펴주려고 마음을 씀"이다. 어느 책에서는 배려란 '사람의 마음을 움직이는 힘'이라고도 했는데, 나는 배려란 양보랑 짝꿍, 이해랑 단짝, 따뜻함이랑 친구가 아닐까 한다.

나의 배려심은 몇 점인가?

배려 성적표? 갑자기 무슨 뚱딴지 같은 소리인지……. 세상이 많은 걸 점수로 줄 세우고 있다.

심지어 사람도 점수와 성적으로 판단하는 세상인데, 왜 정작 가장 중요한 사람의 됨됨이는 점수를 안 매길까? 나는 개인의 인성도 점수를 매긴다면 어떨지 궁금해졌다. 시험 점수를 잘 받기 위해 죽기 살기로 공부하듯, 바른 인성 키우기 위해 죽기 살기로 노력하게 될까?

"이번 시험에서 제 인성 점수는 90점이고 그중 배려심이 85점이에요. 너무 아쉬워요. 다음엔 좀 더 열심히 해서 꼭 100점 맞을 거예요."

"인성 점수가 45점이라 부끄럽네요. 어디 쥐구멍 없나요?"

이런 대화를 주고받는 모습을 상상해본다. 그래서 지극히 주관적이고 개인적이지만, 나름대로 유용한 테스트를 아예 만들어봤다.

나의 배려심 테스트

다음의 10가지 질문에 '맞다'고 생각되면 동그라미를 쳐보자. 그리고 동그라미 개수를 세어 결과를 확인하자.

1. 말하고 행동할 때 항상 상대방 입장을 고려한다. ( )
2. 양보를 잘한다. 예를 들어, 자리, 맛있는 음식, 물건 양보……. ( )
3. 남에게 뭔가 나눠주는 걸 좋아한다. ( )
4. 여럿이 있을 땐, 남이 먹고 싶어 하는 음식을 시키고, 남이 가고 싶은 곳으로 가는 등 나 위주로 돌아가는 세상에서 나를 슬쩍 내려놓는다. ( )
5. 내 말만 하기보다는 상대방의 말을 주로 듣는다. ( )
6. '지는 게 이기는 것이다'라고 생각한다. 나는 '이기적'이란 말을 들어본 적이 없다. ( )
7. "너나 좀 챙겨! 넌 왜 만날 당하고 사니? 바보구만……." 이런 말을 자주 듣는다. ( )
8. 물건이나 장소를 사용한 뒤, 다음에 사용할 사람을 생각한다. ( )
9. 식당, 카페에서 주문할 때 주문받는 사람을 존중하며 존댓말을 쓴다. ( )
10. 타인과 함께 있을 때 분위기를 맞추느라 하얀 거짓말을 종종 한다. ( )

[테스트 결과]

0개: 배려꽝! 당신은 언제, 어디서도 절대 만나기 싫은 사람이다.

1~3개: 당신은 만날까 말까 망설여지는 사람이다. 주변 사람들은 꼭 필요한 용건 때문에 어쩔 수 없이 당신을 만날 뿐이다.

4~6개: 당신은 만나면 좋지만 안 봐도 괜찮은 사람이다. 우리, 바쁘잖아요?

> 7~9개: 당신은 일부러라도 만나고 싶은 사람이다. 옆에 있으면 기분 좋은 사람, 당신이면 좋겠다.
> 10개: 배려왕! 당신은 만나기 전 설레는, 언제 봐도 기분 좋은 사람이다. 밥 사주고, 술 사주면서도 만나고 싶다.

테스트 결과, 여러분은 어떤 사람인가? 과연 어떤 사람이 되고 싶은가? 세계적인 드레스 디자이너 베라 왕은 못 될지언정, '배려왕은 나'라고 자신 있게 말할 수 있었으면 좋겠다.

배려와 용기를 겸비하면

그럼 도대체 배려가 뭘까? 배려의 사전적 의미는 "누군가를 도와주거나 보살펴주려고 마음을 씀"이다. 어느 책에서는 배려란 '사람의 마음을 움직이는 힘'이라고도 했는데, 나는 배려란 양보랑 짝꿍, 이해랑 단짝, 따뜻함이랑 친구가 아닐까 한다.

양보와 이해, 따뜻함은 왠지 늘 함께 다녀야 할 것 같다. 그런데 이 배려가 왜 그렇게 어려울까?

"사람들이 배려심이라고는 눈곱만큼도 없다"는 말을 자주 듣곤 한다. 너나 나나 누구라고 할 거 없이 대개가 이기적이란 말이다. 남을 배려하다 보면, 내가 손해 보는 거 같고, 나만 바보 되는 거 같다는 생각이 커서 그러지 싶다.

내 것이나 잘 챙기고 남의 일에는 상관하지 말자는 분위기가 지배적이다. 부모가 아이에게 자주 하는 말이 있다.

"너나 잘해!" "신경 꺼!" "그게 너랑 무슨 상관이니?"

무의식중에 툭툭 내뱉는 말이지만 사실 아이에게 이기적으로 살라고 가르치는 것과 같다. 남을 신경 쓰지 말라는 것은 친구가 넘어지면, 그 친구 어차피 넘어져서 1등 못하니 너나 얼른 뛰어가 1등 하라고 가르치는 꼴이다.

배려란 게 이상하게도, 남이 나를 배려할 땐 기분이 참 좋은데, 내가 누군가를 배려해야 할 때는 살짝 망설이게 되는 법이다.

'나만 손해 볼 수는 없지. 내가 꼭 이렇게까지 해야 해? 내가 안 하면 다른 누군가가 하겠지.'

이런 마음, 다들 살짝 품고 살 것이다. 저…… 저…… 저요? 나도 뭐 성인군자도 성직자도 아니니, 안 그렇다면 거짓말이다. 하지만 안 그러려고 노력하는 1인이긴 하다.

배려도 습관이라 몸에 찰싹 붙여놓으면 죽을 때까지 잘 떨어지지 않는데, 배려를 너무 하다 보면 열받고 울화통 터지는 일이 있을 수도 있다.

중학교 때, 같은 반 장애우와 일 년 동안 짝을 한 적이 있었다. 처음엔 선생님이 "네가 해라"고 하셔서 시작했고 그 아이가 안쓰러워 잘해줬는데, 그 친구 엄마는 단 한 번도 내게 진심으로 고마워한 적이 없었다.

그냥 당연한 일상으로 받아들였다고 할까? 오히려 내가 잘해주니 더 잘해주기만 바라셨다. 학교에서 잘해주니 친구를 집까지 데려다주기를 바라셨고, 집까지 데려다주니 숙제까지 도와주기를 바라셨다. 내가 그 친구 숙제를 도와줄 때 주스 한잔을 내주시고 옆에서 우아하게 영문 잡지를 보시던 기억이 난다.

그땐 내가 어려서 말없이 다 해드렸는데, 어린 마음에도 열이 받기는 했었나 보다. 여태 그걸 기억하며 곱씹는 걸 보니…….

그날 이후, 난 큰 깨달음을 얻었다. 배려는 사람 가려서 해야 한다는 것이다. 잘해주면 더 잘해주기만을 바라는 이기적인 인간도 있으니, 배려를 습관화하되 너무 오지랖 넓은 바보는 되지 말자. 지나치거나 잘못된 요구에는 일침을 가할 수 있는 용기도 갖춰야 할 듯하다.

배려가 사라진
우리의 슬픈 현주소

우리 삶에서 배려가 반드시 필요한 때와 장소가 있다. 그 안타까운 사례들을 살피고, 어떻게 하면 배려하며 살아갈 수 있을지를 생각해보도록 한다.

표정에서 사라진 배려

배려할 줄 아는 사람은 항상 미소를 머금은 사람이다. 앞에서 표정에 대해 언급했었다. 스마일 라인을 만들자고.

무뚝뚝한 표정을 주제로 상실된 배려에 대해 이야기해보자. 상점이나 레스토랑에 들어가면, 간혹 손님을 위아래로 훑어보는 굉장히 거만한 주인장이나 종업원이 있다. 이럴 때 나는 뒤도 안 돌아보고 바로 나온다. 그곳에 아무리 갖고 싶은 물건이나 먹고 싶은 음식을 판다고 해도, 친절이 사라진 가게에서 기분 나쁘게 돈 쓸 필요가 없지 않은가.

한번은 명품 매장에 간 적이 있다. 가방이나 옷, 신발이 아닌 그 브랜드 다이어리의 리필 용지를 사러 간 것이었다. 그런데 구매할 물건을 이야기하자 직원이 굉장히 귀찮아하는 표정을 지었다.

'나 지금 몇 백짜리 가방 파느라 바쁜 거 안 보여?'

이런 식의 태도로 물건을 던지듯이 건네주는 게 아닌가.

순간 화가 욱 치밀며 열이 올랐다. 명품 매장에서 일하면 직원도 명품인가? 명품이고 싶으면, 인품 갖추고, 인성 갖춰서 행동을 하든지!

아마도 그 직원보다는 내가 쬐끔(?) 더 잘나가는 전문직 직업을 가지고 있었을 텐데, 뭘 믿고 그렇게 날 하찮은 싸구려 손님 취급을 하는 건지. 열받아서 보란 듯이 가방 하나를 확 지를 뻔했으나, 감성보다는 이성이 앞서며 카드 값을 생각해서 참고 나왔다.

그런 매장에 가서 돈으로 갑질하는 재수 없는 손님도 문제지만, 직원이든, 주인이든 손님을 보며 미소는커녕, 귀찮아하는 기색을 보이는 사람은 정말이지 배려 제로의 인성이다. 눈빛 하나로도, 표정 하나로도 우리는 무슨 말을 하는지 대충 짐작할 수 있지 않은가.

사람 위에 사람 없고, 사람 밑에 사람 없다는 말이 있지만, 가끔은 있어 보인다. 그러니 우리도 간혹 겉모습으로 사람을 평가하고, 판단하지는 않는지 스스로 생각해보자.

웃어주면 입술에 뽀루지라도 나나? 근엄한 표정 지으면 멋져 보이나? 고개 빳빳이 들고 눈 내리깔지 말잔 말이다.

무뚝뚝한 표정이 아주 불편한 곳이 한 군데 더 있다. 바로 병원이다. 대개 병원은 내가 아프든, 다른 사람이 아프든 아파서 간다. 그런데 그곳 데스크에 계신 간호사님들이나 의사님들이 너무 빡빡한 표정을 지으시면 일단 불편하다. 몸도 아픈데, 맘도 편치 않으니 더 가기 싫다고나 할까. 그래도 지금은 친절한 병원이 전보다는 더 많아진 듯한데, 이왕이면, 쫌!

미소 짓는 얼굴로 배려왕이 되어보자. 매출 팍팍 늘 테니! 그곳이 어디든.

가끔 최고급 호텔에 가거나 비싼 음식점에 가면, 그 가격에 상응하는 최상의 친절을 서비스로 받는다. 그런데 나는 친절이나 호의가 돈으로 살 때만 가능한 건가라는 생각이 들어서 씁쓸하다. 원래는 돈으로 살 수 없는 것들인데…….

우리 다 같이 거만한 표정, 무서운 표정, 남을 무시하는 표정은 내 안에 감춰뒀다가 꼭 필요할 때만 꺼내 쓰고 얼른 다시 넣자!

행동에서 사라진 배려

도시에 사는 많은 현대인들은 일상에서 아파트나 회사 등의 건물들을 들락거리고, 지하철을 자주 타고 내린다. 그런데 이때! 문이 열리자마자, 안에 있는 사람들이 내리기도 전에 먼저 타는 사람들이 있다.

아무도 보는 사람 없으니 손들어보자. 내릴 때까지 기다리지 않고 그냥 막무가내로 탄 적이 있다, 없다? (저요? 사실…… 있습니다. 옛날에요…….)

의도적으로 그런 적은 없는데, 그냥 다른 생각을 하다가, 때론 갈 길이 바빠서, 마음이 급해서 그렇게 자동으로 몸이 먼저 행동해버린 적이 있다. 하지만 뒤늦게 이성이라는 게 작용해 급후회를 했었다.

장(腸)은 비우고 먹어야 된다고, 뭐든 안을 비우고 채워야 하지 않을까? 내리고 타는 등의 사소한 것들 하나하나가 다 행동의 배려다.

아이까지 데리고 외출했다가 지하철에서 내릴 때, 생각 없는 남자사람, 여자사람들이 밀고 들이닥치면 정말 서럽고 눈물 나고 화난다. 제발이지 내리고 타는 행동의 배려를 갖추자. 배려하지 않고 나만 생각한다면, 우리는 무질서 속에서 서로 부딪히며 짜증 게이지만 높여가지 않을까.

그런데 이런 행동의 배려는 유치원생일수록 잘하고, 그다음에 초등학생, 중학생, 고등학생 그리고 어른 순인 것 같다. 그렇다. 어른이 제일 배려가 없다! 맞다. 진짜다. 사실이다. 정말이다. 어른인 내가 무지하게 부끄러운 일이다.

사실 학생들은 대부분 오히려 줄도 잘 서고, 질서도 잘 지킨다. 새치기하는 사람들 보면 어른이 더 많다. 그런 모습을 목격했을 때 우리는 어떻게 대처해야 할까? 그저 남의 일일까? 아니다. 당당하게 말해야 한다. "새치기하지 마세요!"라고.

한번은 강원도 춘천의 남이섬을 가려고 배를 기다리는데 줄이 너무 너무 길었다. 중국인과 일본인 관광객, 내국인들로 북적였다.

그래서 줄을 한참을 서 있는데, 어떤 아줌마가 새치기하며 앞으로 가는 게 아닌가. 처음엔 일행이 앞에 있는 줄 알았는데, 아니었다. 그냥 떡하니 얼굴에 철판 깔고 새치기를 한 것이다.

내가 누구더냐. 똑똑히 들리게 말해줬다.

"새치기하지 마세요!"

그랬더니 귀는 뚫려 있었던지 아줌마는 고개를 푹 숙여 나와 반대쪽으로 돌리시더니 배에 오를 때까지 그 상태로 버텼다. 저러다 목 돌아가지 않을까 싶게.

부끄러운 줄 알긴 아는 건가? 그러니까 고개를 돌렸겠지? 아니면 뻔뻔하게 날 쳐다봤을 건데 말이다. 이런 사람들은 인성이 제로는커녕 마이너스이다.

그런 분들을 보면, 보는 족족 나는 꼭 양보할 생각이다. 저승사자한테 먼저 가시라고! 얼마든지 내 앞에 가시라고 메시지를 전해드릴 거다.

줄서기는 정말 배려 축에도 못 끼는 기본 중의 기본이다. 그런데 얼마 전에도 또 뒤로 까무러치게 이기적인 내 생애 최고의 얌체족을 만났다.

대형 마트에서 장을 보고, 카트에 든 물건들을 차 트렁크에 싣고 있을 때였다. 내 카트에 짐들이 다 비워지자 어떤 아주머니가 와서 카트에 본인 카트를 꽂더니 100원을 뽑아가는 게 아닌가. 단 한마디의 양해나, 인사도 없이 말이다.

카트를 놓는 곳이 좀 멀긴 했다. 그래도 다리가 아프다거나 급한 사정이라도 있으면 내게 먼저 양해를 구하든지! 생전 처음 보는 내게 자기 카트까지 갖다놓으라는 그 파렴치한 행동에 치를 떨어야 했다.

눈인사도, 미안하단 말도 없었다. 그저 100원을 손에 쥔 채 줄행랑치듯 차를 타고 사라졌다. 그렇게 카트를 가져다 놓기 싫으면 100원을 포기하든가! 이게 무슨 비양심적인 짓인지. 그 아줌마 양심은 100원어치도 안 되는 10원짜리구나 싶어서 씁쓸, 아니 화가 버럭버럭 났었다.

외국에서는 모르는 사람도 지나가면서 문을 열어주는 게 습관화되어 있다. 우리나라는 내가 열면 남이 쏙 지나가는 사회니까 배려는 휴지에 싸서 변기통에 처박혀지고 있는 듯하다. 내 딸 어릴 적 유모차 끌고 다닐 때 유모차 때문에 문 열어놓고 유모차를 끌려는 사이에 지나간

얌체족들, 죄다 그곳(?)으로 먼저 가소서~

이제 이런 얌체 같은 행동에는 옳고 그름의 감조차 안 오는 철가면을 썼다면 당장 벗어버리고 자랑스러운 한국인이 되어보자.

말에서 사라진 배려

한번은 방송작가 4명이 모인 적이 있다. 그런데 전원이 자기 얘기만 하고 있었다.

> 작가1: 야! 우리 뭐 먹을까? 메뉴 좀 봐. 배고파 죽겠어!
> 작가2: 나 오는 길에 열받았잖아. 어떤 차가 끼어들어서 사고 날 뻔했다니까.
> 작가3: 난 어제 피디 때문에 뚜껑 열렸는데.
> 작가4: 나 빨리 가야 돼. 담에 언제 봐?

난 배고픈 '작가1'이었다. 그런데 어느 누구도 상대방의 이야기는 듣지 않고, 자기 말만 하는 게 아닌가? 어이없었다. 도대체 왜 만났냐고 따져 물었더니 다들 웃고 말았다.

듣는 이가 없었다. 그저 말하는 이들만 있는 모임. 나이 들어갈수록 왜 그리 할 말들이 많은지, 서로 자기 말만 들으라는 이기심에 그냥 기가 막히고, 코가 막혔다.

남의 이야기는 안 듣고 자기 말만 하는 것. 대화할 때 상대방을 전혀 배려하지 않는 것은 최악의 실수 넘버원이다.

남의 말을 끝까지 들어주기는커녕 아예 남의 말을 끊어먹는 거. 뚝 잘라버리고, 자기 말로 화제를 돌려버리는 것. 그건 더 나쁘다.

특히 방송국엔 그런 사람들이 부지기수다. 워낙 말 많은 사람들이 모이다 보니, 누군가의 이야기가 재미없거나 조금만 지루해도, 관심사 밖에 있다면 뚝 잘라버린다.

비단 방송국뿐만 아니라 요즘 사람들은 다들 자기만 말하고 싶어 한다. 이러다 입이 두 개고 귀가 한 개가 되는 괴물들이 되면 어쩌나 하는 어처구니없는 상상을 해본다. 아니면 입은 점점 커지고, 귀는 작아지는. 뭐든 쓸수록 발달하는 법이니까.

왜 그리 자기 말을 못해 안달일까? 그냥 좀 들어주면 귀에 가시라도 돋는 걸까? 이렇듯 자기 위주로 말하고 행동하다 보니 점점 배려가 사라져버리는 시대, 배려 상실의 시대가 된 것이다.

경청. 한자로 傾(기울일 경), 聽(들을 청)이다. '내 몸을 기울여 들으라'는 뜻이다. 즉, 내가 말하기 전에 상대방의 말을 끝까지 들어주고, 반응을 보이는 게 경청을 잘하는 이다.

한자로 경청이면, 영어로는? 굿 리스너(good listener)라고 한다. 굿 리스너는 소통의 대가로 불리니 연습해보자. 듣는 연습을.

사회의 어느 분야나 그렇듯이 잘나가는 사람이 있는가 하면, 좀 더디고 일이 잘 안 풀려서 못 나가는 이들도 있다. 그게 눈에 띄게 잘 보이는 이들이 연예인이다.

여러 프로그램을 하다 보면, 당대 최고의 인기 스타, 지지부진해서 제대로 떠본 적이 없는 연예인, 저물어가는 스타, 처음엔 안 그랬는데 떠서 변한 스타 등 다양한 사람을 만난다. 방송 화면에서야 인성이 안 좋아도 좋아 보이는 척 연기로 커버하지만, 무대 뒤에서는 인성이 그대로 드러난다.

잘나간답시고, 매니저나 코디네이터한테 함부로 하고, 방송 스태프들에게 바쁘다며 허세 부려서 눈꼴 시리게 했던 이들 중에 지금은 화면에 안 보이는 사람이 여럿 있다. 내일이 녹화인데 하루 전날에 못하겠다고 취소해 스태프들 미치게 해버렸던 스타도 있다. 직접 당했던 나는 아무리 국민배우고, 스타라 해도 아주 꼴도 보기 싫었다. 말 한마디를 해도 참 재수 없던 그들, 누구라고 말은 못하지만!

반면, 참 성격 좋고 꾸준했던 이들 중에 지금 자주 보이는 이들이 있다. 국민 스타를 넘어 세계적인 스타가 된 이들을 보면, 역시 좋은 건 오래간다는 생각이 든다.

10, 20년 전의 차태현 씨가 그랬고, 김준호 씨가 그랬고, 글로벌 스타인 싸이 씨와 SM의 회장인 이수만 씨 역시 배려란 인성을 갖추고 있었다. 적어도 나에겐 그랬다. 그리고 내 오랜 친구인 '걸 크러쉬, 갓숙'이라는 타이틀을 단 김숙 씨 역시 배려를 아는 연예인이다.

남의 말 싹둑싹둑 잘라먹고, 자기 말만 하는 버릇이 들면 고치기 어렵다. 내 자녀에게 가르치고, 가르치면서 우리도 실천하는 습관을 들이자.

왜 그래야 하냐고? 우리는 저 우주에 있는 나 홀로 사는 별이 아니라 지구별에 사는 인간들이니까. 다 같이 어우러져 잘 살고자 함이다.

1인 가구, 독거노인, 고독사가 증가하는 지금의 시대에 걱정해야 할 것은 노후자금이 아니라 외로움일 수도 있다. 보험은 건강보험만 필요한 게 아니다. 내 노년을 같이 즐겨줄 가족, 자식, 친구가 절실할 것이다.

아이비리그는
인성부터 따진다

　얼마 전 강남의 잘나가는 영어 학원에서 영어가 거의 완벽한 여학생의 수강 신청을 안 받았다고 한다. 학원 평균 올려줄 만한 학생인데, 왜 그랬을까?

　학생이 넘쳐나서? 아니면 못생겨서? 뚱뚱해서? 아니다. 인성이 부족해서 그랬다고 한다. 학원 물을 흐릴까 싶어서 말이다.

　학교는 사람을 가려 받을 수 없지만, 학원은 안 받고, 돈 안 벌면 그만이니 그 여학생을 거부했단다. 한마디로 왕 잘난 척에, 재수가 킹왕짱 없는 여학생이었나 보다. 인성이 부족하면 대학만 못 가는 게 아니라 학원도 못 가는 세상. 오, 마이 갓이다.

　그런 사람은 학원뿐 아니라, 학교나 회사, 나중에 이 사회 어느 집단에 가서도 환영받지 못해 생활하기 힘들 거다. 세상에 모든 이가 자기를 우러러 봐줘야 하는데, 냉정한 우리는 절대로 안 그럴 테니까.

반면, 어떤 국내 대학에서 고등학생 한 명을 특채로 입학시켰다. 그 학교에서 가장 배려를 잘하고, 인성이 훌륭한 인재를 추천해달라고 했는데, 이구동성으로 그 학생을 꼽았다고 한다.

결국 그 학생은 대학에 특채로 갔다. 다들 와~ 하겠지만, 사실 그 학생은 3년 동안 장애우를 지극정성으로 도왔다.

내가 일 년 해본 사람이라 말하지만, 그건 어쩌면 공부보다 더 어려운 일이다. 정말이지 마음에서 우러나오지 않으면 절대로 할 수 없으니 말이다. 이렇듯 배려나 인성이 사라지는 시대가 오니까 인성으로 대우를 받고, 장학금을 받고, 대학도 간다.

아이비리그를 아는가? 일명 미국의 잘나가는 대학들, 하버드, 프린스턴, 예일 등등 한국 애들도, 미국 애들도 그 밖의 전 세계에서 집안 좋고, 공부 좀 한다는 애들이 넘보는 대학들 말이다.

그런데 그런 대학들 들어갈 때, 제일 중요한 것 중의 하나가 역시 인성이다. 왜?

아이비리그는 정말 공부 잘하는 천재들, 우등생들이 모인 곳인데, 그 천재들을 석학 교수들이 잘 교육시켜서 세상에 내보냈다 치자. 갈고 닦은 지식과 지혜를 자기만, 혼자만 알고 있으면 나를 위해서만 쓰면? 세상에 내보낸 의미가 없다. 말짱 꽝 되는 거다.

사회에 나갔으면 자기가 가진 것들을 세상과 공유할 줄 아는 사람이 되어야 하기에 아이비리그는 인성을 중시한다. '나만 잘났소' 하고 있으면 그 사람은? 무용지물이지 않은가.

의대를 나와서 뛰어난 의술이 있는데 환자를 생각하고 배려하는 마음이 없다면? 변호사가 됐는데, 억울한 사연을 듣고 변호해야 하는데, 자기만 잘났다고 비판만 한다면? 온갖 지식과 지혜를 세상을 이롭게 하는데 써야 하는데, 자기 잇속만 생각하고, 돈만 쫓는다면?

그런 사람들이 윗사람이 되고, 잘나가는 사람 되고, 리더가 되면 다른 사람들이 정말 힘든 세상살이를 하게 되는 것이다. 인성을 베이스에 깔아두지 않으면, 더 팍팍하고 메마른 사회가 되어가는 것이다.

그러니 이제부터 한번 제대로 해보자! 작정하고 하면 우리가 또 잘하지 않는가?

집 안에서의 배려

모든 배려의 시작이 어디일까? 바로 가정이다. 인성은 집 밖에서만 필요한 게 아니다.

가정에서 시작된 작은 배려가 모여 큰 배려로 성장하는 것이다. 집에서는 배려심도 없고 내 멋대로 사는 고집쟁이 아이가 어른이 되어 사회에 나가 갑자기 배려심 많은 사람이 되는 일은 물론 없다. 집에서 새는 바가지는 밖에서도 줄줄줄 새는 법이다.

그렇다면 가정에서 쉽게 실천할 수 있는 배려에는 어떤 것들이 있을까? 화장실에서 휴지를 다 썼을 때, 치약이 없을 때, 샴푸 통이 비었을 때 그걸 알면 새 걸로 바꿔두는 게 바로 배려다. 아침에 일어나 이불 정리, 침대 정리, 벗은 옷가지나 다 쓴 수건은 빨래통에 집어넣기, 샤워 후 머리카락 치우기도 마찬가지다. 이런 것들을 죄다 엄마 일이라고 착각하지 말자.

어렵지는 않은데, 습관이 안 되다 보니 그냥 집안일을 하는 사람의 몫으로 남는 거다. 가족이 함께하는 일임을, 가족 구성원이 서로를 위한 배려임을 알리고 실천해보자.

혼자 산다 쳐도 나를 위한 배려도 중요하다. 습관이 되면 나 자신이 더 편해진다. 결국 편한 일상은 습관의 문제니까.

배려 없는 집의 사소한 열받음

간혹 빨래하다 짜증이 나는 순간이 있다. 세탁을 마친 세탁기 뚜껑을 열었는데 빨래에 종이 쪼가리가 덕지덕지 붙어있을 때다. 정말 대략난감이다. 빨래 하나를 집어 탈탈 털면 온 집이 휴지 눈가루로 휘날린다.

"으악!"

저절로 비명을 지르게 된다. 빨래를 다시 돌려야 하나, 꺼내서 다 털고 다시 돌려야 하나, 이왕 지저분해진 집 빨래 털고 한꺼번에 청소기를 밀어야 하나, 아니면 걸레질을 해야 하나.

미치고 팔짝 뛰는 거다. 범인은 누군지 자명하다. 아주 잘 알고 있다. 다만 그 범인이 사건 현장에 없다는 게 문제다. 그 시간엔 학교를 가거나 회사에 가고 없으니 당장 소환이 불가능하다.

마음 같아서야 쫓아가서 질질 끌고 와 치우라고 하고 싶지만, 가족들을 사랑하는 배려심 넘치는 마음으로 꾹꾹꾹 참는다. 그리고 원점으로 돌아가 다시 빨래를 한 뒤에 범인의 모든 옷과 양말, 속옷을 거꾸로 뒤집어 말린다.

그런 뒤 그대로 거꾸로 접어서 서랍에 넣는다. 소심한 복수쟁이의 화풀이라고 할까. 이런 복수는 정신건강에 좋다고 믿어 의심치 않는다.

세탁기 안에서 나오는 이물질 중에 내가 반기는 건 딱 한 가지다. 그건? 돈! 아무리 많이 넣어놔도 화나지 않는다는 말씀. 빨래에 대한 팁이랄까? 신기하게도 오랜 시간 세탁해도 찢어지지 않는 지폐면 더더욱 땡큐고 동전이라도 몇 개 떨어져 있으면 반갑다!

가족의 사소한 배려가 있었다면 이런 참사는 없을 텐데……. 비단 빨래 외에도 비슷한 일들이 수두룩하게 발생하는 장소가 바로 집이다.

집에서의 배려가 절대적으로 필요한 또 하나의 대표적인 사례는 '층간소음'이다. 이건 잊을 만하면 뉴스에 등장하는 단골 메뉴다. 아파트 경비 아저씨들이 제일 골머리 앓는 일이기도 하고 작은 말싸움에서 시작해서 칼부림까지 갈 수 있는 심각한 문제이다.

"얘들아, 뛰지 마. 뛰지 마."

미취학 아동이 있는 집의 부모는 이 소리를 입에 달고 살 것이다. 간혹 "네 맘대로 뛰어라" 하는 부모도 있는데, 아이를 묶어둘 수도 없는 자포자기 심정에서 나온 말일 가능성이 높다.

어찌 됐건 아이의 지나친 움직임은 아랫집에 피해를 주는 게 사실이다. 그러니 아랫집에 미리 과일이라도 좀 사다 드리며, 조심시키겠노라 양해를 구하자. 어쩌다 한번쯤, 가끔은 봐주지 않을까?

아랫집도 그렇다. 윗집에 어린 아이들이 있으면, 딱히 방법이 없다. 조심시켜 달라고 부탁을 하더라도, 참을 줄도 알아야 한다.

오래전 개그맨 김대희 씨의 집들이를 간 적이 있었다. 19층쯤 살았는데, 신혼이라 아이도 없으니 집에서 뛰거나 쿵쿵거릴 사람이 아예 없었다.

다만 목소리가 좀 크다면 크달까? 하지만 그날따라 우리는 조용했다. 나를 비롯한 여자 작가와 개그우먼들은 차 마시며 조용한 수다를 떨었고, 남자들은 화투장의 그림 맞추기를 하고 있었다.

그런데 아래층 할머니가 올라오셨다.

"너무 시끄러워요."

우리는 당황했다. 그림 맞추기 하느라, 아주 조용했는데……. 혹시 그 짝 맞추는 소리까지 들리는 소머즈 청력을 갖춘 능력자(!)이신가? 그렇다면 두 층 정도의 소리를 들을 분이니 아예 옥상에 가서 테스트를 해 보자느니, 화투장에 각각 볼륨을 정하자느니……. 우리끼리 한참 우스갯소리를 한 적이 있다.

그런데 작은 생각의 차이가 우리를 바꾸어 놓는다. 나 역시도 아이를 키우기 때문에 "뛰지마"를 족히 4년은 입에 달고 살았다. 다행히 아랫집 젊은 할머니, 할아버지께서는 우리 아이보다 한 살 많은 손주가 있어서인지, 아이가 뛰어도 별말씀이 없으셨다.

그러다 길에서 만나기라도 하면 도리어 물어보셨다.

"어디 여행 갔다 왔어? 왜 요즘 안 뛰어?"

그동안 그렇게 주의를 시켰는데도 시끄러웠나 싶어서 너무 죄송한 마음에 한번은 그랬다.

"요즘은 더 주의 주고 있어요. 조용히 시킬게요."

그랬더니 그러셨다.

"아냐. 뛰라 그래. 애들은 원래 그런 거야. 난 사람 사는 소리 들려서 좋더라고."

눈물 나게 고마운 말씀이었다. 신경질 내는 아랫집 때문에 이사를 가고, 윗집 때문에 시끄럽다며 '저 집 애는 다리 안 부러지나' 하는 저주의 말을 뿜어대는 이웃들도 있다는데……. '사람 사는 소리'라는 배려의 한마디에 참 행복했다.

상대방의 입장을 생각하는 배려를 베풀기 싫다면? 이웃 없는 오지로 이사 가는 수밖에.

집 밖에서의 배려

공공장소에서 이야기할 때 여러분의 목소리 볼륨은 어떤가? 나는 가끔 카페에 노트북을 들고 가서 작업할 때가 있는데, 한번은 옆 테이블에 앉은 아주머니 두 분의 목소리가 어찌나 크신지 깜짝 놀란 적이 있다.

잠시 그분들 가까이에 앉은 동안 나는 생전 일면식 한번 없는 그분의 오빠가 재산 싸움으로 어떤 이기적인 행동을 하는지부터, 남편과의 부부문제는 또 무엇인지, 게다가 아주머니가 자식 때문에 열받아 미쳐~ 버리신다는 사실까지 알고야 말았다. 아무리 집중하려고 해도 공기를 타고 귓속으로 아주 드라마틱한 이야기가 쏙쏙 들어왔다. 그 때문에 결국은 짐 싸들고 카페를 나왔다.

버스나 지하철에서는 어떤가. 한번은 어떤 아주머니가 통화하다가 갑자기 버럭 하시는 바람에 옆에서 깜빡 졸던 아저씨가 놀라 깨시는 걸 보고 혼자 키득키득 웃은 적이 있다. 아줌마, 아저씨가 되면 왜 아가씨, 총각일 때보다 목소리가 커지는 걸까?

학생들은 또 어떤가? 가끔 여행지에서 현장학습이나 체험을 하러 온 10대들을 단체로 만나면 '아차, 빨리 피해야지' 싶다.

한번은 일본에서 우리나라로 수학여행을 온 남학생들을 만났다. 그 친구들이 단체로 사우나를 왔는데, 정말이지 찍소리도 안 나게 조용히 몸만 씻고 나갔단다. 절대 내가 남탕을 간 건 아니고 우리 집에 같이 사는 남자가 놀라서 해준 이야기다.

과연 일본 교사들이 한국 교사들보다 무서워서 그럴까? 내 머릿속에서 수만 가지의 의문이 고개를 들었다. 일본 사람들이 원래 성격이 과묵해서 그런 건 아닌 듯하고, 공공장소에서 다른 사람을 생각하는, 배려하는 마음으로 기본예의가 습관화된 거라 슬쩍 믿어본다. 일본에 가서 지하철을 탔을 때도 그 조용한 침묵에 잠시 매장당할 뻔했던 경험에 비춰볼 때.

공공장소에서의 필수 에티켓

최근 사건 뉴스에 가장 자주 등장하는 게 보복 운전이다. 보복 운전자들을 보면, 대개가 전과자나 비전과자로 나뉘는데, 비전과자 중에는 겉보기에 평범한 회사원이 다수였다. 그리고 버스나 택시 같은 운전업 관련 종사자들이 많았다.

사건을 일으키는 사람 심리가 이렇다고 한다. 누가 앞을 막거나, 끼어드는 꼴을 못 보고, 누가 나를 향해 클랙슨을 울려대면 내 안에 '화'를 주관하는 '버럭이'한테 도전한다고 느끼는 것이다.

얼마 전엔 보복 운전자가 회 뜨는 사시미칼로 상대편 운전자를 위협하는 사례가 보도됐다. 예전에는 실수로 끼어들든, 진입로 가까이 와서 끼어들든, 클랙슨을 빵빵 대든 하면, 기껏해야 신호등에 걸렸을 때 잠시 멈춰 창문 열어 욕설이나 퍼붓고 지나갔는데, 지금은 차로 들이받고 추격전을 일삼으며, 다른 데서 쌓인 온갖 스트레스 화풀이까지 몰아서 빵! 하고 터트리는 '폭력의 도화선'이 되었다.

한번은 4차선 도로에서 1차선부터 4차선까지 '내 앞을 가로막는 자 누구도 참을 수 없다' 식으로 운전하던 차를 목격했다. 계속 차선을 바꿔가면서 어찌나 빨리 달리던지 "저러다 죽지"라는 혼잣말이 나왔다. 그런데 잠시 뒤에 저 멀리 앞에서 쿵! 결국은 사고가 났다. 내가 말해놓고도 섬뜩했었다. 소오름~!

사실 20년을 넘게 운전을 해온 나도 10년 전쯤 추격전을 하다가 차를 폐차해야 했을 정도로 큰 사고를 낸 적이 있었다. 그때 선팅을 안 하고 다녔는데, 어떤 차가 내 앞을 계속 가로막았다.

'이거, 여성 운전자라고 얕보나.'

순간 욱해서 나도 그 차를 앞지르려고 달렸다. 서울 올림픽도로라 속도가 상당했는데, 그 차를 추격하겠다는 잘못된 마음에 다른 차선을 주행하는 차들을 안 보고 차선을 수차례 변경했다. 그러다 겨우 정신 차렸다.

'이러다 여럿 죽겠다.'

결국 작정하고 한쪽의 펜스를 일부러 들이받았다. 잠시 뒤, 지나가던 차들의 신고로 레커차와 구급차의 도움을 받아 살아나긴 했다. 곧 현장에 출동한 경찰이 그랬다.

"아가씨, 낮술했어요?"

차마 "추격전하다가 그랬어요"라고는 대답하지 못했다. 영화의 한 장면 같았던 추격전과 자폭극까지 벌였건만, 심장이 튀어나올 듯한 떨림에 정신이 혼미해져서는 여린 척하면서 "저 좀 데려다주세요……"로 마무리했다.

자칫 죽을 수도 있었던 그날 이후, 나는 끼어들기할 때마다 반드시 깜빡이를 켜곤 한다. 미리미리 차선 변경을 하고, 길을 몰라 어쩔 수 없이 차선 맨 앞쪽에서 끼어들게 되는 때도 비상등에, 손 내밀고, 얼굴이 보이면 살짝 목례도 하면서 운전한다.

누군가 내 앞을 예의 없이 끼어들면, 순간 내 입에서도 참 싸구려 말들이 튀어나온다. 하지만 보통은 한번 깊게 숨을 들이쉬고 참는다. 이렇게 생각하면서.

'뭔가 이유가 있겠지.'

주차 문제도 그렇다. 얼마 전 중국의 한 건물 앞에 일 년째 주차 중인 두 대의 자동차에 관한 기사를 보았다. BMW 차주와 포르쉐 차주의 신경전이었다. 주차를 잘못한 BMW를 보고 열받는다며 자동차를 못 빼게 그 앞을 딱 가로막은 포르쉐 차주가 있었는데, '그럼, 그 차 안 쓰지 뭐. 너 열 좀 더 받아라' 이러면서 BMW 차주는 다른 차를 타고 다닌다고 한다. 가진 능력을, 재력을 저렇게 쓰나 싶어 기막혔다. 차라리 안 쓰는 자동차라면 팔아서 기부하면, 여럿 살릴 텐데.

이게 배려도, 참을성도 사라지는 현대인들의 또 다른 질병인가 싶다. 아주 못된 병이고 몹쓸 병이다. 눈에 보이는 곳이 아프면 주사 맞고 약 먹고 치료라도 하는데, 눈에 안 보이는 이런 질병을 무엇으로 치료할지는 우리가 풀어야 할 숙제다.

배려도
결국 습관이다

생태계 보존을 위한 자연 환경 지키기를 더 이상 늦출 수 없듯이, 우리가 마음을 잘 다스리기 위한 노력 또한 이제는 해야 할 타이밍에 이르렀다.

그러니 지금부터는 배려를 하나둘 몸에 붙이는 연습을 해보자. 책을 아무리 열 번, 스무 번 읽어도 결심을 백 번, 만 번 해도 한 번의 실천이 더 소중하다.

물론 실천은 무진장 어렵다. 하지만 나만의 비법(?)을 따라하다 보면 누구나 충분히 할 수 있을 것이다.

배려를 실천하는 나만의 비법

우리는 매년 1월 1일에 새해맞이 결심을 한다. 그 결심을 한 해 동안 잘 지키는 당신이라면? 아마 배려도, 인내도 이미 갖추고 있을 거다.

하지만 일 년이란 시간은 짧으면 짧은데, 하나를 꾸준히 하자면 참으로 길다. 그래서 나는 상반기, 하반기로 나누어서 1월 1일과 7월 1일에 결심을 한다. 6개월로 분할을 하는 것이다.

그런데 6개월도 길다. 그래서 나는 매달 1일에 '이달의 결심'을 한다. 회사 영업파트에서 마치 이달의 사원을 뽑듯이 혼자만의 이달의 결심을 써서 붙여놓고는 실천을 위한 노력을 한다. 30일은 그래도 지킬 법한데, 그날 그날의 안일함에 빠져 실천의 의지가 점점 약해지곤 한다. 이런 이유로 나는 매일 아침 눈뜨면 실천을 다짐해본다.

이렇듯 '매년, 매달, 매일의 실천행동'을 만들어 지켜보자. 내게 좀 부족한 것들을 반복학습을 하면, 내 몸이 먼저 기억하기도 한다.

그렇다면 배려를 위해서는 무엇이 제일 필요할까? 인내하고, 기다리는 마음의 여유가 있어야 한다. 너무 바쁜 일상에 쫓기듯이 살다 보니, 나도 힘든데, 남까지 배려하고 이해해줄 마음이 안 생기는 것이다.

내가 좀 마음이 급하고 인내할 줄 모른다면 이달의 실천행동을 '느림의 미학'이라고 정해보자. 그러고선 마음도, 말도, 행동도 여유를 갖기 위해 노력해보는 것이다.

　느림의 미학이라는 말을 들어봤을 것이다. 오죽하면 느림을 미학으로 치장했을까. 게으르다고, 느리다고 굼벵이 같다고 욕먹던 시대도 있었던 걸 생각하면 현대가 과거에 비해 일상의 속도 자체가 모두 빨라진 것이다. 그러니 점점 인내도, 기다림도 사라지고, 배려가 없어졌다고 난리 블루스다.

　아는 언니의 이야기다. 언니가 밥을 하고 있는데 아이들이 계속 밥 달라고 배고프다고 아우성이어서 생쌀을 한 그릇씩 퍼주었다고 한다. 기다릴 줄 모르면, 생쌀이나 씹어 먹으라고.

　퀵서비스, 퀵배달 등 생활에서도 빠른 속도를 강조한 것들이 많다. 이런 스피드 전쟁 속에서 우리는 좀 느리게~ 인내하는 연습을 해보자.

　오늘부터 당장 "빨리 숙제해! 빨리 먹어! 빨리 씻어! 빨리 자!"라는 말에서 '빨리'라는 단어를 빼보자. 아이들에게, 가족들에게 말하는 연습을 해보자. 말이 나오려는 순간! 1, 2, 3초 세어보라. 그리고 "숙제는 뭐니? 맛있게 다 먹어~! 깨끗이 씻자! 멋지고 재밌는 꿈꿔~!"라고 하자.

　빨리라는 말로 수없이 세뇌당하는 아이들이 얼마나 성격이 급하게 될지, 인내라고는 눈곱만큼도 없이 '빨리빨리'를 외치는 아이로 클지 생각하면서 연습하자.

말로 하는 배려와 마음으로 하는 배려

나는 대학을 졸업하고 캐나다 밴쿠버로 어학연수를 갔었다. 그때 영화 속에나 나올 법한 예쁜 집들을 구경하며 걸어 다녔는데, 켄터키 할아버지같이 생긴 분이 마당에서 물을 주고 계셨다.

길을 잃어버리기도 했고, 영어 공부하겠다는 생각도 들어서 말을 걸었다가 여차저차 해서 그 집에 초대를 받았었다. 저녁 만찬. 정말이지 영화에서 보던 외국식 만찬이었는데, 큰 요리들이 앞에 있으면 접시를 돌려가면서 덜어야 했다.

그런데 집주인 할아버지가 제일 먼저 접시를 집으시더니 내게 내미셨다. 먼저 먹으라면서. 난 예의 차린답시고 한국에서는 어른부터, 노인부터 드시는 거라며 접시를 다시 내밀었다. 할아버지는 계속 내게, 나는 할아버지에게 둘이서 접시를 이리저리 주고받고 하니까 그 집 큰 아들이 접시를 낚아채서 내게 내밀었다. 그리고 이렇게 말했다.

"Lady first and guest first."

고로 나부터 먹으라고. 그리고 한마디 더했다.

"After you."

자기들은 나 다음이란다. 감동이었다.

만날 나부터 나 먼저, 이런 소리를 더 흔하게 듣다가 반대의 말을 들으니 참 근사하고, 멋졌다. 말로 할 수 있는 최고의 배려라는 생각에 그 날 이후 가슴 깊이 새긴 기억이 있다.

말로 하는 배려에 대해 더 이야기해보자. 언젠가 여름휴가를 다녀오느라 한 외국 공항에 있었다. 마침 우리나라 초등학생들이 단체로 어학연수를 마치고 집으로 돌아가려고 비행기를 기다리던 중이었다.

5, 6학년쯤 되는 아이들이 무더기로 있었는데 장소 불문하고 우리나라 학생들이 신나게 떠드니까 내 귀에 자연스럽게 아이들의 대화가 들어왔다.

"너희 집 몇 평이니?"

'오잉? 뭐야? 애들이 왜 저런 걸 이야기하지?'

귀를 쫑긋 세우고 들었다.

"너희 아빠 뭐해? 의사야? 변호사야?"

입에서 한숨이 나왔다. 나이가 몇 살이든 사람은 자존심이 있고, 프라이버시라는 게 있는데, 왜 저런 걸 물어볼까.

10평, 20평, 월세, 전세 사는 애들은 그런 거 안 물어본다. 꼭 40평, 50평, 60평 이상 사는 애들이 그런 질문을 한다. 아파트 평수, 아빠 직업, 자동차가 뭔지 물어보며 호구 조사를 하다니.

그런 기준에 따라 친구를 하느냐 마느냐가 결정되나? 아빠가 잘났으면 친구 하고, 아니면 안 하나? 친구랑 노는 게 아니라 그 집 아빠랑 노나?

어처구니가 없어서 짜증이 물밀듯이 밀려왔다. 내 자식이거나, 조카들 같았으면 가서 꿀밤이라도 쥐어박고 싶은 심정이었다. 상대방의 마음을 전혀 헤아리지 않고 막 던지는 꼬맹이들의 질문에 '말조심'이라고 이마에 써주고 싶었다.

잘났다고 내 입으로 얘기하는 건 못난이들이나 하는 짓이다. 인성 제로다. 그 친구들한테 "집은 60평인데, 네 배려심은 몇 평이니?"라고 되묻고 싶었다.

늘 얘기하지만 이렇게 자식 키우면 '부모 밥밖에 못 얻어먹는 아이'로 큰다. **혹시 자식과 평생 함께 살 건강과 재력이 있어서, 부모 품에 꽁꽁 숨겨두고 예뻐하면서, 몸종이나 하인처럼 뼈 빠지게 뒷바라지할 수 있다면 세상에 내놓지 말고 혼자 예뻐하며 키워도 된다. 그런데 그럴 자신이 없다면, 어디에 내놔도 스스로 사랑받을 수 있는 사람으로 키워야 한다.**

이건 어느 여중생의 이야기다. 친구 생일파티에 초대를 받았는데, 혼자 핑크색 공주 드레스를 입고 가서 주인공처럼 친구들의 시선을 한 몸에 받은 애가 있었다. 그건 친구 결혼식 날 웨딩드레스 입고 축하하러 가는 또라이랑 같은 경우다.

친구 생일인데 자기가 주인공처럼 보이면 될까? 안 된다. 친구에 대한 배려심이 전혀 없는 행동인 것이다. 혼자만 예뻐 보이고 싶고, 주목

받고 싶은 잘난 척이시다. 배려꽝. 인성제로.

얼마 전에 딸아이가 친구 생일파티에 가면서 새로 산 티아라를 자랑하고 싶었는지, 쓰고 가겠다기에 말리면서 이렇게 이야기했다.

"네가 이 티아라를 쓰고 가면, 오늘 주인공이 누구처럼 보이지? 네 생일파티에 친구들이 너보다 더 예쁜 드레스에 티아라 쓰고 오면 기분이 어떨까?"

그렇게 물었다. 그러자 딸이 대답했다.

"안 되겠다!"

이러면서 벗어놓고 갔다.

항상 입장 바꿔 생각하는 연습을 하다 보면, 쌓이고 쌓여서 언젠가는 자연스레 몸에 배기 마련이다.

내가 학교 다니던 시절보다 조금 더 오래된 시절을 그린 만화가 있다. 〈검정 고무신〉이라는 만화이다.

우리 아이가 가끔 그걸 보면서 "정말 저랬어?"라고 묻는데, 그중의 하나가 도시락이었다. 지금 아이들이야 학교 급식을 하니 엄마가 싸주던 추억의 도시락이 뭔지 모르고 큰다. 그런데 우리 때는 도시락을 싸가지고 다녀야 했다.

어느 시대나 그랬듯이, 가정형편이 여의치 않아서 도시락을 못 싸와 밥을 굶는 아이들이 있었다. 그러면 괜히 담임선생님은 오늘은 속이 안 좋다며 선생님의 도시락을 제자에게 넘겨주기도 했고, 친구들이 돌아가면서 도시락 두 개 싸오는 날을 정하기도 했다. 엄마들도 기꺼이 두 개씩 싸주셨다.

그중에 내 절친의 이야기다. 그 친구는 잘사는 집 딸이라 도시락을 절대 빼먹지 않고 잘 싸왔다. 엄마께서 워낙 잘나가시던 커리어우먼이어서 할머니가 늘 도시락을 싸주셨다. 그런데 그 친구랑 밥을 먹다 보니 유난히 우리 집 반찬을 잘 먹었다. 관찰해 보니 그 친구는 반찬이 같은 날이 많았다.

우리 집 엄마표 도시락은 대단하지는 않았어도 장조림, 콩자반, 소세지, 계란말이 등등 매일매일 다른 반찬이 들어있었는데, 그 친구는 마른오징어 무침을 자주 싸왔다. 아무래도 할머니가 힘이 드셔서 반찬을 다양하게 만들지 못하셨던 것 같다.

그래서 난 늘 엄마한테 부탁했다.

"엄마 나 반찬 많이 싸줘! 많이 많이! 많이 먹게, 많이 싸줘!"

지금껏 내 베프인 그 친구한테는 이 이야길 한 번도 해본 적이 없다.

지나친 배려는 오히려 독

한번은 미국행 비행기를 탄 적이 있었다. 워낙 장거리 여행인지라 한

줄에 9명이 앉는 점보 사이즈의 비행기였다. 두근두근 설레는 마음으로 비행기를 탔는데 좌석들 중에 딱 한가운데가 내 자리였다.

오른쪽엔 키가 190센티미터쯤 되는 백인, 왼쪽엔 185센티미터쯤 되는 흑인, 그 옆도 덩치 큰 백인과 흑인이 고루고루 앉았다. 그땐 요즘과 달리 비행기 좌석의 폭이 아주 좁았는데, 키 큰 외국인들의 무릎이 앞 좌석에 닿아서 움직이기도 힘들어 보였다.

그러니 내가 화장실 한번 가려면 도미노처럼 한 사람씩 순서대로 힘겹게 줄줄이 일어나야 하는 상황. 아, 어쩌나. 승무원들이 주는 대로 물이고, 커피고, 주스고, 밥이고 따박따박 받아먹다간 "쏘리"를 남발하며 화장실에 가야 하니 대략난감이었다. 결국 화장실을 최대한 안 가려고 두 끼나 나오는 기내식 중 한 끼는 아예 포기했고, 한 끼조차 최소한으로 먹었다. 지금 생각하니 굳이 그렇게까지 할 필요는 없었는데…….

지나친 배려 아니 바보 같은 배려를 했던 적도 있었다. 대학 시절, 나름 옷에 신경 써서 입고 다니던 나는 하얀 티에 하얀 바지, '화이트'로 콘셉트를 맞추고 외출했다가 귀가하던 길이었다.

당시 좌석 버스는 두 자리씩 붙어있었는데, 나는 창가 쪽이 아닌 복도 쪽에 앉았다. 문제는 내 옆에 서있던 한 여학생이었다. 술에 잔뜩 취한 여학생은 그야말로 인사불성.

몸을 가누기도 힘들어보여서 일어나 자리를 양보해줄까 하던 차였다. 그 여학생이 나를 향해 고개를 푹 숙였다. 그러고는 입을 벌리더니 쫘악!!! 내 하얀 바지는 주황색과 기타 잡동사니로 물들었고, 진동하는 악취로 더 이상 버스에 타고 있을 수 없었다.

엎친 데 덮친 격으로 옆자리의 아저씨는 그 여학생과 내가 일행인 줄 알고 정신 멀쩡한 내게 욕을 퍼부었다. 결국 여학생과 보호자(?)인 나는 버스에서 내렸다.

그때 난 그 친구가 취했다는 이유로, 상대방을 너무 생각해서 어떤 변상도, 욕설도, 구타도 없이 그냥 보내줬는데, 두고두고 후회막심이었다. 그날 입었던 내 옷은 도저히 세탁해도 안 될 것 같아 결국 폐기처분했다. 옷 한 벌을 버리고, 기분 완전 잡친데다가, 도저히 그 꼴로 집까지 갈 수 없어서 밤에 엄마를 집으로부터 아주 먼 정류장까지 나오시게 했다. 그 소동으로 나는 배려도 사람 봐가면서 해야겠다는 교훈을 얻었다.

이 모든 게 타인에 대한 배려 부족에서 비롯된 것이다. 내 기분만 중요하고, 남의 기분은 나쁘든지 말든지 생각하지도 이해하지도 못하는 것이다.

내가 손해 보는 건 참기 싫은데, 남이 손해 보는 건 그럴 수도 있지라며 참으로 관대해진다. 내 기분 나쁜 건 이유가 있어서 그렇고, 남이 기분 나쁜 건 그 사람 성격이 안 좋아서 그런 거라 이해하는 자기 편할 대로, 자기가 원하는 대로 남까지 내 생각에 맞추는 사고를 버려야겠다.

배려 있는 명품 인성 만드는 생활습관

1. 화날 때, 짜증날 때 깊게 심호흡하고 3초만 참아보자.
2. 거울 보며 미소 연습을 하자. 스마일라인을 완전히 내 것으로 만들자.
3. "먼저 드세요, 먼저 가세요, 먼저 하세요"라는 말을 자주 사용하자. 우리는 After you!
4. 이해가 안 된다고? 입장 바꿔 생각하기를 생활화하자. 알고 보면 나쁜 사람 없다. 다들 사정이 있을 뿐!
5. 짜증톤, 시비톤, 징징톤, 독한 말, 무례한 말은 이제 그만~.

자신감, 나에게 명령하라!

걱정이나 고민은 끝이 없다. 그 크기가 그때그때 조금씩 달라지기는 해도, 걱정의 무게라는 것이 고민해서 당장 해결될 것이 아니라면 그건 지극히 주관적인 사이즈를 가지고 있다.

자신감은
인성을 만드는 에너지

인성은 배려, 책임감, 존중, 예절, 정직 등 많은 요소로 구성되어 있다. 그런데 그것들을 완벽히 갖추고 살아가기란 평범한 사람들에게는 쉽지 않다. 법륜 스님이나 혜민 스님의 훌륭한 책을 읽을 때, 대개의 사람들은 자신이 속세인이고, 내공 또한 부족하기 그지없는 한낱 힘없는 인간임을 새삼 느낄 것이다. 나는 그렇다.

이렇듯 갖추기 힘들지만, 갖춰야만 하는 인성. 인성을 익히고 습득하는 데 있어 엄청나게 중요한 에너지원 이야기를 해볼까 한다. 우리가 매끼 밥이든, 빵이든 음식을 먹어야 힘이 나듯이 인성도 배터리가 있어야 한다.

그럼 인성의 영양 공급원은 무얼까?

인성 에너지, 인성을 유지하는 배터리
= 자신감 + 긍정의 자세 = 자긍심(pride)

자신감이 인성을 이루는 말과 행동의 가장 큰 에너지다. 자신감이 무슨 뜻인지 아시는가? 自(스스로 자), 信(믿을 신), 感(느낄 감). 즉, 자신을 믿는 느낌이다.

그렇다면 말을 조금 바꿔서 '나 스스로 내가 신이라고 믿는 감정'인 건가? 자뻑도 자뻑도 이런 자뻑이! 하지만 남들한테 사이비 교주가 되라는 것이 아니고, 나 자신에게, 나 혼자 그렇게 해보자는 것이다.

우리들은 가끔 나 자신을 그렇게 믿고 밀어붙여야 할 때가 있다. '나는 안 돼. 내 주제에…… 내가? 난 못해' 이런 식의 자신에 대한 불신이 의외로 우리 안에 상당히 많이 자리 잡고 있다.

나 자신에 대한 불신보다는 차라리 자뻑으로 내 몸과 내 마음의 주인이 되어 명령해보자. '내 몸아, 내 마음아~. 내가 너의 주인님이시다. 내 말을 들어라' 하고.

자기 자신을 사랑하라는 말은 스스로를 위로하고, 다독이고, 한평생 잘 살아가려면 내 영혼과 몸이 서로 친하게 잘 지내야 한다는 된다는 뜻이다. 내 정신세계가 힘들어 몸을 학대하기도 하고, 몸이 힘들어 내 영혼이 지쳐갈 때도 있는데, 그럴 때마다 나 자신과 대화하며 위로해야 한다.

여기서 우리 자신이 스스로를 어떻게 생각하는지 한번 점검해보자.

나의 자신감 테스트

다음의 10가지 질문에 '맞다'고 생각되면 동그라미를 쳐보자. 그리고 동그라미 개수를 세어 결과를 확인하자.

1. 다른 사람의 화려한 옷과 외모, 스펙 따위에 주눅 들지 않는다. ( )
2. 다른 사람과 나를 비교하는 습관이 없다. ( )
3. 남과 이야기할 때 상대방의 눈을 보고 이야기한다. ( )
4. 말할 때 항상 목소리에 힘이 들어가 있고, 당당하다. ( )
5. 자신을 스스로 좀 괜찮은 사람이라고 생각한다. ( )
6. 새로운 도전이나 모험, 변화를 두려워하지 않는다. ( )
7. 걱정, 불안, 짜증, 화, 스트레스를 내 안에 쌓아두고 살지 않는다. ( )
8. 우울증이랑 친하게 지내지 않는다. ( )
9. 부정적인 말보다는 긍정적인 말을 더 많이 한다. ( )
10. 행복은 내가 만든다고 생각한다. ( )

[테스트 결과]

0개: 자기의 존재 자체를 부정하는 사람이다. 당신도 이 세상에 태어난 이유가 있으니 당장 병원에 달려가 치료받으시길!

1~3개: 부정적 사고가 당신을 지배하고 있다. 어떻게든, 긍정의 끈을 잡지 않으면, 향후 우울증과 치매 등으로 외로운 독거노인의 앞날이 보인다.

4~6개: 조금만 노력하면 좀 더 행복한 삶을 쟁취할 수 있다. 긍정의 힘을 조금 더 얻어 자신 있는 생활로 행복하소서~.

7~9개: 나쁘지 않다. 아주 좋다. 이러기도 쉽지 않다. Yesterday is history. Tomorrow is a mystery. Today is a gift. That is why it is called the present. 선물을 즐길 줄 아는 당신이다.

10개: 자뻑 주의 요망. 당신의 능력을 좋은 데 쓰기 바란다.

과연 나에 대한 자신감은 얼마나 있을까?

'여러분은 정말 무한한 잠재력을 가진 꽤 괜찮은 사람들이다. 내가 아는 연출가는 잠재력이 참 많은데, 누군가 그에게 잠재력이 많다고 했더니, "나는 잠재력보다는 잠과 재력이 따로따로 넉넉히 있었으면 좋겠어"라고 대답했다.

현실은 그렇다. 잠도 항상 부족하고, 재력은 어째 항상 남의 일이기만 한 건지. 그러니 우리는 잠재력이라도 믿는 수밖에 없지 않을까?

문제는 나이라는 숫자가 쌓여갈수록 자신감을 점점 잃어간다는 것이다. 게다가 요즘은 10대나 20대의 청춘들마저 그렇게 되어가는 세상이 아닌가 싶어 안타깝다. 기성세대인 우리보다 훨씬 더 많은 '잠재력'이라는 무기를 가지고 있음에도 자기비하에, 자기 과소평가에, 자신을 스스로 무시하는 경향이 많은 듯하다. 힘든 일에 부딪히면, 그게 공부든, 일이든 해낼 수 있다는 믿음보다는 그걸 어떻게 해내냐며 포기가 더 빠르다.

오죽하면 삼포세대(연애, 결혼, 출산을 포기한 세대)라는 말이 나오고, 오포세대(내 집 마련, 인간관계까지 추가로 포기)라는 말이 나오게 되었을까. 전쟁통에도 살아남은 부모님 세대를 보면 참 부끄러워지는 말이다.

여러분은 자기 자신을 몇 퍼센트나 믿는가. 내가 뭔가를 해낼 수 있다는 믿음 말이다.

다이어트? 성공할 자신이 있나?

금연? 언제든지 가능한가?

공부? 하면 된다고 생각하나?

자기 자신에 대한 믿음이 없으면 말 한마디를 해도 부정적으로 하게 된다.

'내 나이에? 나는 살이 안 빠져. 늙었나봐……. 귀찮아.'

이건 완전 셀프디스다. 스스로가 안티라니! 안 된다고 늘 말하니 내 몸과 마음도 그렇게 길들여지는 게 당연하다.

사실 돌아보면 나 역시 10대, 20대에 자신을 많이 사랑하지 않았다. 몸에도, 마음과 정신을 주관하는 영혼에도 좀 부정적이었다. 항상 자신감이 부족했다.

하지만 20년째 작가 생활을 하면서 이제야 내가 그렇게 못난 사람이 아니었다는 생각을 한다. 그 시절 친구들과 떡볶이 사먹으며 생긴 우정으로 내 영혼은 행복했고, 그때 전교 1등 하던 친구나 나나 이제 사는 건 뭐 도긴개긴이다.

한때는 내가 개그맨보다 덜 웃기다고 생각해서 스트레스를 받곤 했었다. 하지만 난 작가니까 글을 더 잘 쓰면 된다고 생각하게 된 뒤로 더 당당하다. 코미디 외에도 뮤지컬이나 시트콤의 대본과 책 등을 집필했으니 말이다.

그러니 지난 20년간 그렇게 혼자 셀프디스를 하지 않고, 더 당당하고 자신 있게 살았더라면 아마도 지금의 삶보다는 훨씬 나아져 있었을 것이다. 타임머신을 타고 과거로 돌아갈 수 있다면 다른 건 필요 없고, 다소 뻔뻔할 정도로 자신감이 넘치는 사람으로 살고 싶다. 세상에 아무도 날 안 믿더라도, 나만은, 나라도 날 믿어야 하는데, 나를 가장 못 믿는 게 나였다.

허구한 날 의심의 눈길로 거울 속의 나를 쳐다보던 나는 이제 조금씩 자신감 넘치는 눈길로 쳐다본다. 그렇게 쳐다보고 살아도 길을 걷다 보면 돌부리에 걸리고, 절벽에 다다르고, 쉽지 않은 게 인생인데, 자신감이 없는 사람은 과연 어떨까? 그래서 자신감을 반드시 갖춰야 하는 것이다.

개그맨은
자살하지 않는다

자신감이 없고, 자기 자신을 싫어하고, 매사 부정적이 되다 보면 결국에는 어떻게 될까? 우울해진다. 그러다 어떤 이들은 자살이라는 극단적인 선택을 하기도 한다.

전 세계 청소년 질병의 1위가 우울증이고, 우리나라 청소년의 자살률은 세계 1위다. 청소년뿐 아니라, 어른도 산후우울증, 갱년기 우울증 등등 우울한 이유가 참 많다. 여자사람들에 비해 남자사람들의 우울증이 상대적으로 적은 건 먹고 살기 바빠서 우울할 틈이 없지 않나 하는 생각도 조심스레 해본다. 대신 남자는 쌓아둔 스트레스로 사고를 치는 경향이 있다.

이게 다 몸과 마음을 제대로 관리 못하는 탓이지 않나 싶다. 몸이 힘들면, 마음이 위로해주고, 마음이 힘들면, 몸이 위로해줘야 하는데, 서로의 탓만 하니까.

나는 지난 20년간 방송, 뮤지컬, 책 등 다양한 분야에서 작가로 일하고 있는데, 그중에서 시작은 코미디 작가였다. 여러분이 알 만한 프로그램으로는 〈개그콘서트〉가 있다. 그 프로그램을 1회부터, 아니 그전에 파일럿 프로그램부터 했었다. 〈개그콘서트〉가 만들어지기 전에도 코미디 프로그램들을 했을 정도로 오랜 세월 개그맨과 일을 했는데, 그러면서 발견한 사실이 있다.

'개그맨은 자살하지 않는다.'

나도 한때 우울증을 늘 곁에 두고 살던 사람이었다. 집이 경제적으로 갑자기 어려워지자 정신적으로 힘들었고, 그러다 보니 온 가족이 얼굴만 보면 서로 인상 쓰고 싸우는 게 일이었다. 그런 내가 어찌하다 코미디 프로그램에서 사회생활을 시작하게 되었다.

집에서 아무리 우울하고 울고불고 질질 짜다가도 일하러 가면 웃겨야 되는 직업이었다. 게다가 밖에 나가서는 집안일로 얼굴 구기지 말라는 엄마의 당부로 힘든 티를 안 내고 일을 했다. 그렇게 한 해, 두 해 개그맨들과 항상 즐거운 생각을 하고 재밌는 아이템을 만들다 보니 웃는 날들이 점점 많아졌다.

개그맨들과 친해지면서 그들의 사생활들을 점차 알게 되었다. 고아거나, 한부모 가정에서 자랐거나, 심지어 새엄마가 다섯 명이나 있었다거나, 아버지의 사업 부도로 집에 빨간 딱지가 붙었다는 등 속사정이 장난이 아니었다. 이건 경제적 어려움에서 비롯된 내 고민이나 우울증과는 게임이 안 될 만큼 다양했고 심각했다.

하지만 그 친구들은 비뚤어지거나 그런 일들로 자살을 생각하지 않았다. 솔직히 연예인들이 감수성이 워낙 예민해서 간혹 삶의 무게를 이기지 못하고 잘못된 선택을 하는 경우가 종종 있다.

그런데 개그맨들? 우울할 일이 없어서 우울하지 않은 게 아니었다. 생각이 항상 긍정적이고, 힘든 것들을 밝게 승화하는 게 온 몸에 배어서 우울감을 잘 극복하는 거였다.

긍정 에너지의 엄청난 효과

한번은 개그맨 김준호 씨와 밥을 먹다가 TV에서 자살 소식을 보았다. 김준호 씨는 우스갯소리로 "아유, 개그맨들은 자살도 안 해~"라고 말해 같이 웃어넘긴 적이 있다. 그는 아무리 쓸어도 쓸리지 않는 젖은 낙엽처럼 버티겠다더니, 햇살 가득 받아 잘 살고 있어 고마운 친구다. 참으로 다행이다 싶다. 신인 때부터 지금의 자리에 있기까지 희로애락을 옆에서 모두 지켜봤기에 긍정의 힘을 실감했다.

그리고 그 긍정 에너지의 힘, 웃음을 만들어내는 힘이 개그맨들을 시키는 힘이라는 걸 알게 되었다. 그 덕에 나도 우울증과 점점 멀어졌다.

나는 좀 쎈 언니로 통하는 개그우먼인 김숙 씨랑 많이 친한데, 어쩌다 밤에 혼자 있다가 또 그놈의 우울증이 스멀스멀 올라올 때면 숙이 씨한테 전화를 걸곤 했다. 그러면 바로 혼이 났었다.

"언니! 언니는 밤 10시 이후에 늘 우울하잖아. 그러니까 그전에 자! 잘 자~! Shut up!!"

이렇게 말하고 전화를 끊으면 나도 어이없어 웃음이 났다.

또 안 좋은 일이 생겨 급우울해질 때면 김숙 씨는 "나중에 그거 큰 추억된다! 그때 옛날 생각하면서 웃을 거 미리 웃어"라고 해서 웃어넘기곤 했다.

김숙 씨는 데뷔할 때부터 20년을 보아왔는데 한결같다. 김준호 씨도 늘 한결같다. 두 사람 모두 잠재력은 많은데 다른 개그맨들보다 못 나간 시절이 있어서 안타까워했는데, 이제야 빛을 발하고 있다. 성실과 꾸준함, 그리고 좋은 인성이 지금의 그들을 만들었지 싶다.

우울하다면 보통 사람들은 따뜻한 위로라도 해주려고 애쓰는데, 구박 같은 웃음을 내게 주던 사람들이라 늘 고맙다. 그래서 요즘도 고민이 너무 많거나, 심난해 죽겠거나, 화가나 미칠 거 같으면, 가능한 빨리 자버린다. 내일은 내일의 태양이 뜨니까.

걱정이나 고민은 끝이 없는 것

아침에 해 뜨면 다시 시작하는 하루와 함께 새로운 결심하고 다짐하고 하루를 살면 된다. 고민이 너무 많아서 잠이 안 온다고? 몸이 너무 편해서 그런 거다. 어디 나가서 운동이라도 몇 시간 하고, 고깃집 가서 하루 종일 그릇 나르고, 설거지라도 잔뜩 해봐라 잠이 안 올 수가 있나! 피곤해서 바로 쓰러질 수밖에 없다. 가만히 앉아서 우아하게 생각만 하고, 몸은 편히 있으니까 잠이 안 오지 않는 게 아닐까?

사실 개그맨들도 힘든 일이 많이 생긴다. 사람 사는 일이 다 그렇듯. 하지만 옆에 있는 친구가, 동료가 전부 개그맨이다 보니 서로 긍정 에너지들을 모아 웃겨주어 이겨낼 수 있는 것이다.

울면 뭐하나. 울다가도 웃으면 또 하루 넘기는 거다. 멋진 일이다.

1시간을 쓴다 치면, 우울해 하면서 보내나 밝게 보내나, 그 시간은 똑같이 흐른다. 그러니 지금 우울하다면 우울해 하는 시간을 줄이고, 좀 더 밝은 생각, 긍정적인 생각을 하도록 점차 바꿔나가자.

우리가 개그맨이 될 필요는 없다. 그저 그들처럼 긍정 에너지를 많이 가지고 살자는 것이다.

웃을 일이 많아서 웃는 게 아니고, 자꾸 웃다 보면 웃을 일이 생긴다. 나를 버리면 안 된다. 나를 포기하면 안 된다. 나는 내가 지켜야 한나.

그러니 지금 내가 고민하고 있는 우울한 단어들, 병든 단어들과는 헤어져라.

걱정이나 불안을 자꾸 생각하다 보면 꼬리에 꼬리를 물어서 점점 더 커지기 마련이다. 한 가지를 열심히 하면 그 분야의 달인이 될 수 있듯 걱정이나 불안도 그렇다. 그쪽이 점점 발달하는 것이다.

걱정이나 고민은 끝이 없다. 그 크기가 그때그때 조금씩 달라지기는 해도, 걱정의 무게라는 것이 고민해서 당장 해결될 것이 아니라면 그건 지극히 주관적인 사이즈를 가지고 있다.

만화가 이현세 님의 《인생이란 나를 믿고 가는 것이다》라는 책이 있다. 그 책에는 이런 말이 나온다.

"걱정과 고민은 모양과 색만 바뀐다."

맞다. 중고등학교 학생들은 공부나 교우관계가 고민일 것이다. 대학을 가면 취업이 고민이고, 취업하면 연애가 고민일 것이다. 그담엔 결혼, 그담엔 자식, 자식이 생기면 돈, 그러다 나이 들면 건강…….

이런 식의 꼬리 물기다. 그나마 그 나이에 맞는 고민을 하면 다행이다. 학생 때 학비나 생활비를 걱정하고, 젊은 청춘이 취업이나 결혼이 아닌 아파서 건강을 걱정하기도 하니까.

내 나이에 맞는 걱정을 하고 있다면 스스로의 노력으로 해결해보자. 걱정과 고민이 생기면 해결책을 찾기 위해 잠시 생각의 시간이 필요하겠지만, 그 답을 찾으면 바로 당장 실천해야 한다.

 인생은 한 번뿐이다. '다음 생에는 즐겁게 살아야지'라는 기약은 없다. 만약 다음에 하루살이나 모기로 태어나면 어떻게 할까!? 안 태어날 수도 있고!

 왜 내가 이렇게 긴 이야기를 했을까? 우리가 전부 개그맨이 되자? 그게 아니라, 인생을 좀 더 긍정적으로, 즐겁게 살자는 것이다. 이제부터 '나는 더 즐겁게, 재밌게 살면서 행복해질 거야'라고 다짐해보자!

아브라카 다브라
주문을 외워보자

　어떻게 해야 자신감을 키울 수 있고, 긍정적인 사람이 될 수 있을까? 인성은 한번 담가서, 두고두고 숙성시켜 먹는 장 같은 것이다. 이것 역시 하루아침에 뚝딱 생기진 않는데, 그런 척은 할 수 있다. 계속 그런 척을 하다 보면 그렇게 되기도 한다.
　내 몸과 마음의 주인은 누굴까? 나! 나 자신이다.
　아브라카 다브라~ 이 말이 무슨 뜻인지 아는가? '말하는 대로 된다' 는 뜻이다.
　서양 마술, 특히 유대인에 의해서 전통적으로 이용된 주문인데 병이나 재앙을 물리치는데 효과가 있다는 설도 있고, 그 외에도 여러 가지 설이 있다. 여러 가지 설은 다 제치고, 말하는 대로 된다라니, 얼마나 멋진 뜻인가.

나도 가끔 마술사를 꿈꿔보는데, 마술 지팡이도 갖고 싶고, 빗자루도 타고 싶다. 마녀(witch), 물론 나쁜 마녀 말고, 착한 마녀가 되고 싶다는 생각을 한다.

하여튼 나는 마녀가 아니지만 주문을 참 잘 외운다. 매년, 매달, 매일의 법칙으로 나만의 마술 주문을 외워댄다. 내게 부족한 것들을 자꾸 말하면서 행동으로 옮기는 것이다.

"나는 ooo한 사람이다. 나는 ooo하다."

무슨 뜻이냐고? 다음 문장을 봐라.

"나는 정말 긍정적이다!"

과거형으로? NO. 미래형? NO. 현재형? YES!

"나는 참 지혜롭다!"

"나는 건강하고 날씬하다."

"나는 오늘 자신감이 넘친다!"

"나는 항상 밝고 명랑하다!"

"나는 요리를 잘한다!"

물론 주문만 죽어라 외우고 실천을 안 하면 말짱 도루묵. 말짱 꽝. 개 주문이 된다. 그러니 일단 주문 걸어놓고, 그렇게 되려고 실천을 하나씩 하면서 연습을 하는 것이다. 그것이 내 몸에 쌓이고 쌓여서 버릇이 되고, 습관이 된다.

사실 좋은 습관이나 버릇은 부모가 먼저 챙기고 실천해야 한다. "책 읽어라. 공부해라." 이렇게 말만 하는 부모는 아이에게 신뢰를 얻을 수가 없다.

아이가 겉으로는 티내지 않겠지만, 속 깊은 곳 어딘가에서는 '왜 나한테만 주문하지?' 싶을 거다.

영어 공부하라고 학원 가라고 말만 하지 말고, 내가 먼저 해보자.

"너 크면 엄마 찾지 마라. 세계일주 갈 거다" 하고 영어 공부하는 모습을 보여주는 게 영어 공부하라는 백 마디보다 낫다.

내 몸과 마음의 주인은 누구? '나'다. 내가 원하는 것들을 자꾸 입력하고, 실천하면 그렇게 된다! 그러니까 이왕이면 기분 좋은, 멋진 주문을 외워서 나를 조금씩 내가 원하는 나로 바꿔라.

오늘은
최고의 날이야!

내게는 딸이 있다. 팔불출처럼 아이 자랑은 안 하고 싶지만, 그 아이에게 다 같이 배울 게 있어서 이야기해본다.

보통 아기들은 잠투정이라는 걸 한다. 이것 때문에 부모가 고생을 참 많이 한다. 자기 전에 찡찡, 자다 깨서 찡찡. 주로 갓난쟁이부터 3, 4살까지 그러는데 우리 집에서는 아이가 완전 애기 때부터 아침에 자고 일어나서 찡찡거리지 못하게 했다.

왜? 그건 좋은 습관이 아니어서 그랬다. 대신 아침은 기분 좋게 시작하라고 가르쳤다.

생후 6개월 때부터 잠투정에 울거나 짜증을 내면 혼내고 꾸지람을 했다. 말도 안 통할 때라 아기가 말을 알아듣는지, 못 알아듣는지에 대한 물음표를 머릿속 가득 가지고 있었으나 일단은 반복적으로 그렇게 말했다.

그랬더니 8개월 즈음부터 효과가 있었다. 자다가 일어나면 웃기 시작한 것이다. 박장대소는 아니고 미소로.

"잘 잤니?"

그러면 방긋거렸다.

한 돌이 지나자 고개를 끄떡끄떡. 두 돌이 지나자.

"응!"

세 돌이 지나자 이랬다.

"자짜져(잘 잤어)."

그런 효과일까? 아이가 6살 때 어느 날 자고 일어나더니 "엄마! 오늘이 최고의 날이야!" 그러면서 내게 뛰어왔다.

"왜?"

"어젯밤 꿈에서 엘사랑 놀았어!"

이러면서 완전 신이 났다. 기분이 너무 좋아보이길래 "아우~ 나도 놀러갈 걸. 재밌었겠다" 하면서 맞장구를 쳐주었다. 그랬더니 그게 좋았는지 이튿날도 아이는 아침에 눈 뜨자마자 외쳤다.

"오늘은 최고의 날이야!"

"왜?"

"오늘 친구 생일파티 때 케이크 먹잖아."

이튿날도, 그 이튿날도 마찬가지로 '오늘은 최고의 날'이었다.

"오늘은 유치원에 안 가잖아!"

"오늘은 햇빛이 예뻐."

"오늘은 비 오잖아. 어제 더웠어!"

이러면서 매일같이 이유를 댔다.

그러더니 일주일쯤 지나자 그 말을 하지 않았다. 드디어 레퍼토리가 떨어졌나 싶어서 내가 먼저 물었다.

"오늘은 최고의 날이 아니야?"

"아니! 오늘도 최고의 날이야."

"오늘은 왜?"

"음…… 화요일이잖아!"

나는 빵 터져서 한참을 웃었다.

무조건적인 긍정 주문을 외우는 딸아이가 정말 예쁘게 보였다. 이런 주문으로 시작한 하루라면 절대로 최악의 날이 되진 않을 거라고 확신한다.

혹시 '플라시보 효과'라고 아는가? 의학 성분이 전혀 없는 약이라도 환자의 심리적인 믿음을 통해 치료 효과가 나타나는 현상을 말한다.

자고 일어나서 "나, 잘 못 잤어……. 밤새 설쳤어"라고 말하면 정말 몸이 아침부터 찌뿌드드해진다는 것이다. 하지만 "아유, 잘 잤다. 오늘

컨디션 괜찮네"라고 빈말이라도 하면 몸이 좀 나아진다고 한다. 자신에게 하는 하얀 거짓말의 효과로.

그러니 우리 그런 척해보자! 아침부터 인상 구기고 안 좋은 주문을 입에서 방출하지 말고, 대신 긍정 주문을 말해보자. 자신에게도, 다른 사람에게도 말이다.

개그맨 중에 거짓말, 일명 뻥을 참 잘 치는 친구가 있었다. 오죽하면 선배들이 "저놈은 숨 쉬는 거 말고는 다 뻥이야!"라고 할 정도였다.

당시 그 친구는 참 긍정적인 뻥을 잘 쳤다. 나중에 자기가 대박난다는 말도 많이 했는데 실제로 10년이 지난 지금 잘나간다. 며칠 전 그 친구가 나오는 CF를 보다가 옛 생각에 혼자 웃었다.

이왕이면 긍정 주문을 입에 달고 살자!

저녁에는
셀프 칭찬을

아침에 긍정 마인드로 자신 있게 출발했으면 저녁에도 한마디 해보자. 자기 전에는 자기 자신을 칭찬하자. 단 한 가지라도.

우리 아이는 저녁마다 "칭찬 도장을 찍어 달라"고 한다. 도장을 모아서 갖고 싶어 하는 장난감을 사려는 사심 많은 목적 때문이긴 하지만, 그래도 '아이의 자긍심을 높여주기 위해서다' 생각하고 칭찬 도장을 찍어주곤 한다.

가끔은 그다지 칭찬할 게 없는 날이 있다. 심지어 엄마인 나는 아이 때문에 화냈던 날이 더 많기도 하다. 그럴 땐 아이가 "나, 오늘 뭐 잘했어?"라고 해맑게 물으면, 잠시 생각에 잠긴다.

뭐라고 할까. 사실대로 "오늘은 칭찬할 게 없는데……"라고? 아니면 뭐라도 만들어서? 이럴 땐 딱 3초 고민하다가 말한다.

"저녁밥을 아주 맛있게 먹던데!"

"오늘 지각 안 했잖아!"

"양말 뒤집어서 안 벗었더라."

"친구 엄마들한테 인사 잘했어!"

"엄마한테 뽀뽀해봐! 역시 넌 사랑이 넘치는 애야."

말하는 저나, 듣는 아이나 "이게 칭찬받을 행동인가?"라는 대사가 적힌 말풍선을 머리에 달기도 하지만, 그래도 칭찬거리를 이렇게 찾다가 한 번 더 웃게 된다.

그리고 아이한테도 엄마에 대한 칭찬을 유도한다. 남편한테도 마찬가지다. 나는 누군가 옆에서 칭찬해줄 사람이 없다면 '셀프 칭찬'도 한다.

사람은 누군가 자신을 칭찬해주면 자신감이 좀 더 넘치고, 기분이 좋아진다. 그리고 그렇게 되려고 좀 더 노력하게 된다.

아이한테 "넌 참 그림을 잘 그린다" 그러면 아이는 더 잘 그리려고 노력하게 된다. 가게 알바생한테 "넌 계산 하나는 정말 끝내주게 잘한다"라고 해보라. 실제보다 훨씬 잘하게 될 것이다.

사람은 상대방의 기대치만큼 나를 맞추려는 본능이 있다. 누가 나한테 "몸매 관리 하시나봐요"라고 말하면 포크로 찍었던 케이크를 입에 넣을 때도 순간 움찔하게 된다.

가끔 개그맨들을 만나면 내게 그런다.

"누난 왜 안 변해? 왜 안 늙어?"

옆에서도 자꾸 "참 동안이세요"라고 이구동성으로 주문을 외워준다. 그 덕분에 나이보다 더 늙지 않고 있는 것 같다.

이렇듯 별거 아닌 말 한마디라도 쌓이면, 더구나 그것이 긍정적이고 좋은 일로 칭찬이 쌓이면, 우리는 조금 더 나은 사람으로 변해간다. 이런 일이 반복되면 나중엔 자신감 넘치고, 자기를 사랑하고, 긍정적인 사람이 되는 것이다.

왜? 내 몸과 마음이 반복학습에 의해 기억할 테니까. 천 번, 만 번을 해대면, 지겨워서라도 몸과 마음이 익혀두게 된다.

나 자신과의 대화도 필요하다

가끔 속상하거나, 나를 혼내고 싶을 때 칭찬은 죽어도 못하겠다 싶을 땐 나 자신과 대화를 해보라. 남이 아닌 나 자신이랑.

혼자 말하기 익숙하지 않은 우리 젊은이들은 그걸 디지털 세상에서 하고 있다. SNS를 통해서. 자존감이 많이 떨어진 2030세대들을 'ㅇㅈ세대'라고 부르기도 한다. 인증으로 인정받는 세대라나? 트위터나 페이스북, 인스타그램 등으로 하는 것이다.

이에 비해 나는 아주 촌스런 '일기 쓰기'를 권한다. 예쁜 일기장을 사서 아날로그 방식으로 해보라.

SNS에서 세상 사람들은 맛집에서만 밥 먹고, 여행만 다니고, 행복하고 즐겁게만 보인다. 그들이 정말 너무너무 행복하다면 다행인데, 실은 허한 마음을 그렇게 자랑이라도 해서 채우려는 건 아닐까? 물론 디지털 공간에 저장된 것들은 기록으로 남아 평생 추억하기 좋지만, 자랑하고 나면 허무하지 않나 싶다. 누군가에게 보여주기 위한 삶을 살지는 말자.

정작 내 안의 속상함. 잘못한 거. 내 눈물을 대신할 것들은 말하기 쉽지 않다. 그러면 글을 써보라.

왜 속이 상한지, 내가 오늘 뭘 잘못한 것인지, 하나둘 적어 내려가다 보면 머릿속에서 엉킨 복잡한 실타래들이 풀리면서 생각들이 정리될 것이다. 인성의 에너지가 자신감이면, 그 배터리 충전기는 나를 얼마나 잘 알고 있는지가 된다.

나는 일기를 쓴다. 초등학교 때부터 썼으니 족히 30년은 쓴 것이다. 그런데 남들한테는 말하기 좀 힘든 거, 속상한 거, 반성할 거 주로 이런 것들을 쓴다.

혹시 내가 죽은 뒤에 발견된 일기장을 남들이 보고, 나란 사람이 평생 우울했다고 생각할까 걱정되기도 하지만, 그런 걸 괜히 남한테 떠벌리고 다니기도 싫고, 그렇다고 안에만 쌓아두자니 화병 될까, 스트레스로 우울해질까 두려워서 모조리 털어놓는다. 그러고 나면 좀 후련해진다.

초등학교 때 《안네의 일기》를 읽었는데, 나도 일기를 써서 마음을 정리해야겠다는 생각이 들었다. 안네가 걱정, 불안, 현 상황 등을 일기로 적은 건 아마 자기를 위로하기 위해서 시작했을 것이다. 그랬던 그 일기가 세계적인 베스트셀러가 되었다.

물론 나도 시작은 그러했다. 초등학교 때부터 북한, 간첩, 남북전쟁에 대한 위협 속에서 살았기에 한반도에 전쟁이 터지면 나는 대한민국의 안네 프랭크가 되리라는 생각으로 쓰기 시작한 일기다.

어찌되었든 시작은 그랬지만, 그렇게 일기를 계속 쓰다 보니 마음이 정리되며 위로가 되었다. 어쩌면 내가 작가가 된 가장 밑거름이 된 공부는 일기들이지 않나 싶다.

자기만의 고민이나, 속 이야기를 적다 보면 자연히 치유도 되고, 해결도 되고, 그날의 걱정과 고민이 좀 비워진다. 그리고 새롭게 결심하게 된다. 조금 더 잘 살아보겠다고, 조금 더 행복해지겠다고, 내 영혼과 타협해보고, 다독여보고 용기를 얻는 것이다. 그러니 일기 쓰기로 스스로를 자꾸 북돋아서 자신 있고 당당한 사람이 되어보자.

세상에
없어도 되는 말

"내가 원래 그래!"

이것은 내가 참 싫어하는 말이다. 특히 어른들이 잘 쓴다. 나이가 많을수록 더 잘 쓰는 것 같다.

"내가 원래 못해. 내가 원래 못 먹어. 나 원래 그거 싫어해……."

앞서 몇 번이고 말했다. 내 몸과 마음은 너무 충실해서 주인님 말씀을 잘 듣는다고. 주인이 못한다고 입방정 떠니까 못한다고 입력시키는 것이다.

고백할 게 있는데, 난 사실 운동을 안 좋아한다. 운동을 하면 너무나 힘들다. 그래서 누가 물어보면 "난 운동을 원래 잘 못해. 운동 신경이 없어"라는 말을 입에 달고 살았다.

솔직히 변명이다. 비겁한 변명. 못하는 것도 사실이긴 하지만 그 내면에는 귀찮고 하기 싫은 마음이 숨어 있다. 그리고 못하니까 남들이랑 같이하기도 싫고. 그래서 그 말을 한 30년 입에 달고 살았다.

"난 운동을 못해, 못해, 못해……."

그렇게 못한다고 주문을 외워대는데, 과연 몸이 운동을 잘할 마음이 생길까?

안 생길 것이다. 몸의 주인이란 작자가 매일같이 못한다고 주문을 외우니, 좀 잘해볼까 싶다가도 '못한다잖아~!'가 되는 것이다. 내 몸은 정말 내 충신이다. 성깔도 좀 있고.

나는 위가 좀 안 좋은데, 작업이 많아서 커피를 많이 마신 날이나, 술을 조금 과하게 마시면 이튿날 어김없이 속이 쓰리고 아프다. 그때마다 나는 내 몸에 사과한다. 미안하다고.

"위야, 미안해. 내가 또 커피랑 술을 너무 들이부었네? 네 생각 안 해서 미안해. 오늘부터 명심하고 조절할게. 아프지 마. 부탁해."

이러면서 위한테 사정을 한다.

그러면 위가 내 진심을 알아주는 것처럼 덜 아파진다. 그게 플라시보 효과든, 진짜 그렇게 되는 것이든.

"내가 원래 그래"라는 말은 변하기 싫고, 그 무엇보다 귀찮고, 변화가 두려운 용기 없는 자들이 하는 변명이다. 그러니 우리는 그런 말을 쓰지 말자.

오히려 조금이라도 시도해보는 도전정신으로 무장하자! 나도 운동에 있어선 노력 중이다.

만약 "내가 원래……"라는 말을 꼭 쓰고 싶다면 이렇게 써라.

"내가 원래 긍정적이야."

"내가 원래 좀 똑똑해."

"내가 원래 요리를 잘해."

이런 긍정의 주문으로 바꾸는 것이다. 희망의 언어로 말이다. 거짓말이면 어떤가. 그런 척하다 보면 그렇게 되는 법이다. 그것이 좋은 인성을 가꾸는, 가장 큰 에너지원이다.

자신 있게! 당당하게! 긍정적이게! 나 자신을 바꿔라!

비뚤어진 자신감을
경계하라

'자신 있게 살아라'고 하니 이게 또 부작용이 있다. 도를 벗어나 교만과 거만을 세트로 갖추는 것이다. 자신감에는 겸손을 겸비해야 하는데, 그건 쏙 빼버리고 자기가 엄청나게 대단한 줄 착각하는 사람들이 있다.

사회적 약자인 경비원을 자기 기분 좀 나쁘다고 폭행하는 회장, 뭐 그렇게 대단한 문제라고 땅콩 때문에 비행기를 돌리고 말고 하는 땅콩녀, 종업원에게 월급 주는 게 어찌나 싫은지 동전 자루를 지급한 식당 주인, 라면이 맛없다는 이유로 비행기 승무원을 폭행한 라면 상무 등등……. 갑질의 향연이 끊이질 않는다.

점점 돈이 권력이고 곧 자신감인 세상이 되어가는 게 안타깝다. 그나마 다행인 건 예전과 달리 요즘에는 찍소리 못하고 당하지만은 않는다는 것이다. 누구나 동영상 촬영이 가능한 스마트폰과, 가끔 신문고 역할을 톡톡히 해내는 SNS 덕에 힘없는 민중과 대중이 목소리를 내기도 한다. 이걸 또 악용하는 사람들이 없진 않지만, 세상의 음과 양 가운데 양이 더 많기를 바래본다.

이렇듯 겸손과 배려가 결여된 자신감이라면, 그건 그냥 버려라. 차라리 어디 찌그러져서 자숙하며, 자기 탓이나 하며 살아라. 욱해서 나온 나쁜 행동, 한 번의 싸대기와 한 번의 발길질에 상대방의 몸과 마음이 상처받는다. 여러분은 비뚤어진 자신감이 아닌, 긍정적이고 밝은 자신감, 겸손과 배려를 내포한 자신 있는 사람으로 거듭나길 바란다.

자신감 있는 명품 인성 만드는 생활습관

1. 남과 나를 절대로 비교하지 않는다. 나는 나다!
2. 아침마다 내게 부족한 것을 큰 소리로 주문하고 실천한다. "나는 ○○○하다. 아브라카 다브라~."
3. 나 자신과 주변 사람들을 칭찬한다. 단 한 가지라도 찾아서! 긍정의 시선을 생활화하라.
4. 입에서 부정의 말이 튀어나올 때마다, 스스로 벌을 준다. '부정 돼지저금통', '긍정 돼지저금통'을 하나씩 장만하라. 부정통은 부정의 말할 때마다 500원씩, 긍정통은 100원씩 모아라. 그래서 부정통이 꽉 차면 좋은 일에 기부하고, 긍정통이 꽉 차면 자신을 위한 선물 사는 데 써라.
5. 건강, 겸손, 검소함을 갖춘 자신감이라면 100점이다!

4장

인사는, 하면 된다

"안녕하세요?" "안녕?" 우리가 하루에도 수십 번 하는 인사다. '인사'의 뜻은 무엇일까? 한자로는 '人事'라고 쓰는데, 그 뜻을 풀이하면 '사람이 해야 할 일'이다.

'놈'과 '사람'의 차이

"안녕하세요?" "안녕?"

우리가 하루에도 수십 번 하는 인사다. '인사'의 뜻은 무엇일까? 한자로는 '人事'라고 쓰는데, 그 뜻을 풀이하면 '사람이 해야 할 일'이다.

사람이 해야 할 일을 안 하면 어떻게 될까? 사람이 아니다? 그런데 그런 사람이 너무 많다. 나이와 성별에 상관없이 인사를 안 하는 사람들이 넘쳐나고 있다. 왜 그럴까?

이런 말 참 많이 한다.

"인사성이라고는 없는 놈이야."

또 이런 말도 많이 한다.

"참 인사성 밝은 사람이야."

인사를 잘하면 '사람'이 되고, 인사를 안 하면 '놈'이 되는 것이다. 여러분은 '놈'과 '사람' 중 뭐가 되고 싶은가? 선택은 자신의 몫이다.

만났을 때 기분 좋은 사람이 있다. 잘생기고, 키 크고, 예쁘고, 날씬하고, 상냥하고, 착하고, 친절한……. 생각만 해도 흐뭇해지는.

이런 사람들만 만나고 살 수 있다면 좋겠지만 이렇게 모든 걸 갖춘 사람은 평생에 몇 명 만나기 힘들다. 사람은 첫인상이 중요하다. 그리고 첫인상에서 인사는 빼놓을 수 없는 요소다.

그렇다면 잘생기고 예쁜데 거만하고 형식적으로 인사하는 사람과 평범한 외모지만 상냥한 목소리로 웃으며 인사하는 사람, 둘 중 어떤 사람과 친구가 되고 싶은가? 그리고 나는 어떤 사람인가?

나의 인사 예절은 몇 점인가?

여기서 잠깐, 여러분의 인사 예절을 확인해보자. 테스트 방법은 앞에서 했던 것과 동일하다.

나의 인사 예절 테스트

다음의 10가지 질문에 '맞다'고 생각되면 동그라미를 쳐보자. 그리고 동그라미 개수를 세어 결과를 확인하자.

1. 나는 언제, 어디서나 늘 먼저 인사한다. ( )
2. 인사할 때 나는 미소나 웃는 얼굴로 반가움을 표현한다. ( )
3. 인사할 때 나는 상대방의 안부를 묻거나 칭찬을 한다. 예를 들어, "옷이 잘 어울리네" "머리 새로 했어?" 등 상대방에 대한 관심을 함께 표현한다. ( )

4. 나는 한집 사는 가족한테도 인사를 잘한다. 아침에 "굿모닝"으로 시작해서 외출할 때와 귀가할 때도 인사한다. ( )
5. 나는 가끔 만나는 주변 사람들에게도 인사를 잘한다. 경비 아저씨, 청소부 아줌마, 동네 사람들 등. ( )
6. 나는 잘 모르는 타인에게도 인사를 잘한다. 버스나 택시 기사, 택배원, 중국집이나 피자가게 배달원, 슈퍼 주인 등. ( )
7. 나는 운전할 때 양보받은 차의 운전자에게도 인사한다. 비상등을 켜거나 손을 가볍게 들어 감사 표시를 한다. ( )
8. 나는 인사를 잘하는 사람이 좋다. 상대방이 인사를 안 하면, 날 무시하는 기분이 든다. ( )
9. 나는 우리 아이가 어른들께 인사를 안 하면, 반드시 잔소리를 한다. ( )
10. 나는 과도한 몸짓으로 인사하지 않는다. 반갑다며 상대방의 몸을 치거나 때리는 등의 표현을 하지 않는다. ( )

[테스트 결과]

0개: 인사짱. 먼저 사람이 되어야 한다. 쑥과 마늘을 준비해서 산에 오르자. 당신은 사람보다는 놈에 가까우니 얼른 사람이 되어라.

1~3개: 남들에게 당신은 쓱~ 지나치고 싶은 사람, 먼저 인사하기 싫은 사람, 눈 마주칠까봐 시선을 딴 데로 돌리고 모르는 척 지나가고픈 사람이다.

4~6개: 당신은 괜찮은 사람이다. 만나면 악수 정도는 하고 싶은 사람이다. 만나도 그만, 안 만나도 그만이긴 해도 만나기 싫지는 않다. 휴! 다행이다.

7~9개: 당신은 참 괜찮은 사람이다. 만나면 반갑고, 저절로 덥석 안고 싶은 사람이다. 여러 번 마주쳐도 자주 마주쳐도 매번 반가운 당신이다.

10개: 인사왕. 매일봐도 질리지 않는 당신은 자석같은 사람.

동그라미 개수 뒤에 0을 붙이고 자신의 점수라고 생각하면 된다. 물론 셀프 테스트 후 동그라미가 많이 나왔다고 너무 우쭐대거나, 적다고 풀죽을 필요는 없다. 내 경험에 비추어 만든 테스트일 뿐이다. 그러나 점수가 높을수록 인사성이 밝은 사람인건 확실하다!

주변을 둘러보자. 인사를 잘하는 어른들이 있는 반면, 어른이라도 인사성 없는 사람도 많다.

여러분에게도 이런 경험들 있으실 거다. 반갑게 인사했는데 상대방이 내 인사를 무시하고 쓱 지나쳤을 때. 아니면 나는 반가워서 손을 덥석 잡고 인사했는데 상대가 손을 슬며시 뺄 때. '뭐지? 날 싫어하나?' 싶은 생각이 들어 당황스럽고 민망하다. 몇 번 그런 경험이 쌓이면 결심한다. '내가 저 사람을 또 만나면 절대 인사 안 할 거야.' 일종의 보복심리까지도 생기게 하는 게 인사다.

분노로 이를 갈지 마시고 이렇게 생각해보자. 알고 보니 상대가 시력이 안 좋아서 진짜 안 보였을 수도 있고 손을 잡았을 때 상대의 손에 뭐가 묻어서 나를 배려해서 슬며시 뺀 걸 수도 있다고. 그러면 마음이 한결 가벼워진다.

그렇게 외면당한 사람일지라도 다시 보면 또 반갑게 먼저 인사하자. 외면한 사람이 민망한 마음에 멀리서 달려와 인사할 때까지.

가족 인사는 없던 힘도 솟게 한다

참, 밖에서만 인사 잘하는 사람으로 살지 말고 집에서 가족에게 인사 잘하자. 밖에서는 모범생, 부처님, 세상에 다시없는 예의 바르고 인사성 좋은 사람이 집에선 가족들에게 말 한마디 안 하고 살기도 한다.

지금 여러분 집에서 제일 인사 잘하는 사람은 누구인가? 아마도 반려견일 것이다.

강아지들은 가족들이 하루에 열 번 스무 번을 집 밖을 나갔다 들어와도 늘 꼬리치고 인사한다. 현관까지 달려 나와 꼬리 흔들고 애교 부리는 강아지들을 보면 어떤가?

어떤 사람들은 강아지가 막내딸이니 막내아들이니 하면서 강아지 없으면 못산다고 말한다. 어떤 부자 할머니가 자기의 유산을 기르던 강아지에게 물려준다는 해외 토픽 속 이야기가 이제 한국에서도 있을 법한 일이 되었다.

우리는 사람으로 태어났으니 강아지보다 못하다는 말은 듣고 살지는 말아야겠다. 그러니 먼저 가족들에게 인사하는 습관부터 들이자. 학교 갔다 집에 왔는데 아무도 반기는 사람 없고, 하루 종일 회사 일에 시달렸다 집에 왔는데 누구 하나 잘 다녀왔냐는 인사조차 건네지 않는다면 과연 집에 들어오고 싶을까.

밖에서 신나게 일 잘하던 남편도, 학교에서 즐겁게 놀던 아이도 집 근처만 오면 발걸음이 무거워지는 건 다 이유가 있다. 가족끼리 인사는 조금 호들갑스러워도 좋다. 아빠가 회사 갈 때 아이들이 조르르 달려와 인사하면 아빠는 아침부터 신이 난다. 일에 지쳐 집으로 돌아왔는데 가족이 달려 나와 인사하고 안아주면 그날 피로가 다 풀린다고 하는 게 아빠다. 아이들도 마찬가지다. 게다가 집에서 대접받는 사람이 밖에서도 대접받게 되어 있다.

"아빠, 다녀오세요~." "엄마, 다녀왔습니다." "애들아 잘 다녀왔니?" "안녕히 다녀오셨어요?" "안녕히 주무세요." "힘들었지? 수고했어! 보고 싶었어!"

이런 인사가 낯선가? 낯선 게 아니라 당연히 해야 하는 인사들이다. 쑥스러워도 내 가족에게 건넬 인사 연습을 하자. 그런 뒤 입에 찰싹 붙여서 생활화하길 바란다.

우리 모두
꽃밭에 살자

아이들은 어떨까? 생활 속에서 아이들을 만났던 때를 떠올려보자.

얼굴 마주쳤을 때 슬며시 고개 돌리는 아이, 친구들이 인사할 때 묻어가는 아이, 고개만 겨우 까딱하는 아이, 눈만 끔뻑거리는 아이……. 의외로 인사 잘하는 아이가 많지 않다.

인사는 타이밍을 놓치면 다시 하기가 영 어색해서 인사를 제대로 못하는 경우가 많다. 아이들도 그렇다고 한다.

물론 아이들도 본인이 인사를 안 한 게 몹시 찝찝하고 뒤통수 따갑고 쑥스러운 걸 잘 안다. 그러니 인사할 타이밍을 놓친 아이를 보면서 "쯧쯧, 버르장머리 녀석!" 이러면서 욕하지 말자. 이럴 땐 어른이 먼저 인사하면 되지 않을까.

김춘수 시인의 〈꽃〉이라는 유명한 시가 있다.

내가 그의 이름을 불러주기 전에는

그는 다만

하나의 몸짓에 지나지 않았다.

내가 그의 이름을 불러주었을 때

그는 나에게로 와서

꽃이 되었다. (후략)

시에서처럼 먼저 다가가 이름을 불러주자. 아이 이름을 모르면 물어봐라.

"넌 이름이 뭐니?"

"왓츠 유어 네임?"

"네가 누구였더라? 아줌마가 건망증이 심해서."

어른이 다가가 먼저 친근하게 말을 걸면 대부분의 아이는 배시시 웃으면서 인사한다. 아이나 어른이나 불러주면 꽃이 되는 사람들이 많다. 우리 모두 주변 사람들 이름을 많이많이 불러서 매일 꽃밭에서 살자.

인사할 때도 그냥 "안녕?" "안녕하세요?"보다는 칭찬 한마디씩 덧붙이면 더 좋다.

"어? 그동안 예뻐졌네?"

"그 옷 너한테 잘 어울린다."

"이번에 머리 스타일 바꾸니 더 멋진데?"

누구나 자신에게 관심 주는 사람을 좋아한다. 현대인들은 늘 애정결핍증에 시달리니 말이다. 넘쳐도 넘쳐도 부족한 게 사랑이다.

그런데 관심을 준답시고 하는 "어머! 살쪘구나. 살 좀 빼!" "오늘 피부가 왜 그래?" "어제 뭘 해서 다크서클이 턱까지 내려왔어?" "너도 이제 나이는 못 속이는구나" 이런 말은 안 하느니만 못하다. 상대방은 당연히 전혀 반갑지 않을 것이다.

말 한마디로 천 냥 빚을 갚는다는 속담이 있다. 그런데 요즘은 신용등급이 올라간단다. 좋은 말을 들으면 좋은 말로 되갚게 되어 있는데, 좋은 말이 돌고 도는 세상이 정말 살맛나는 세상이다.

그렇다면 우리 아이에게 인사의 중요성을 어떻게 알려주면 좋을까? 인사하라고 자꾸 얘기하면 될까? 아이가 어른의 말을 단번에 그렇게 잘 듣고 실천할까? 아닐 것이다.

잘못하면 입이 닳고 목만 아프다. 말보다 행동이라고 했다. 부모가 솔선수범하는 게 가장 좋은 방법이다.

인사 잘하는 아이가
엄마 기를 살린다

나는 좀 엄격하게 아이들을 키우고 있다. 당연히 아이들이 어릴 때부터 집에서 인사 교육을 열심히 시켰다.

큰딸이 네 살 때쯤이었다. 가족이 다함께 친정아빠가 가꾸시는 텃밭에 간 적이 있다. 그런데 아이가 텃밭의 채소들에게 다정하게 인사를 건넸다.

"초록 오이야, 안녕? 너 싱싱하다."

"보라 가지야, 안녕? 잘 잤니? 너무 예쁘다."

"날씬한 고추야, 안녕? 너무 맵지 마. 너 매워!"

함께 나들이 간 친척들이 깜작 놀랐다. 채소들과 대화하는 아이라니. 그것도 마음을 나누는 아름다운 내용이었다.

그뿐인가? 벽시계로 뻐꾸기시계가 유행하던 시절인데, 할아버지 집의 뻐꾸기시계가 매 시각마다 나와서 뻐꾹거리면 딸아이가 조르르 달려가서 말했다.

"뻐꾸기야, 안녕? 시간 알려줘서 고마워."

밤에 달님이 환하게 비추면 "달님, 안녕하세요? 오늘 참 이쁘네요" 이런 인사를 건넸다.

나는 딸이 자연물, 사물에게까지 일일이 인사를 하니 놀라기도 했고, 한편으로는 사람들이 이상하게 보지 않을까 걱정스러웠다. 그러나 주변 사람들의 반응은 걱정과는 전혀 달랐다.

"너무 귀엽고 천진난만해요."

"정말 예의 바른 아이네요."

"어쩜 저렇게 인사를 잘할까!"

그때 난 천진난만하고 인사성 밝은 아이를 너무나도 잘 키운 엄마로 등극했다!

과학적으로 식물은 사람 말을 알아듣는다고 한다. 집에 화초만 사다 놓으면 죽는다는 사람들이 많다. 그런데 신기하게도 물만 제대로 주고 잎사귀 한번 닦아주면서 "예쁘다~ 잘 커라~" 한마디씩 가끔 해주면 거의 말라죽는 일이 없다고 한다. 식물도 주인의 사랑을 알다니…….

아마 오래전 가족 나들이하던 그 시절, 아이가 직접 오이, 가지, 고추를 키웠다면 어땠을까? 아이의 칭찬과 인사를 들으면서 모두 슈퍼 사이즈가 되지 않았을까 상상해본다.

인사는 학습이다

인사도 학습이다. 습관이다. 연습해야 한다.

아이들 셋 키우면서 육아 경력이 얼마나 되나 계산했더니 무려 50년이 넘었다! 아이들 셋의 나이를 더하고 다른 아이들을 가르친 시간까지 합하면 환갑이 훌쩍 넘었으니, 독자 여러분은 안심하고 내 말을 믿으셔도 된다.

어른이 집에 들어오고 나갈 때 방에서 꼼짝 않는 아이가 많다. 그 아이에게 인사해라, 인사해라 말로 하는 잔소리는 멈춰야 한다!

내 처방전은 이렇다. 아이가 학교 가고 학원 갈 때 엄마도 못 본 척해보라는 것. 투명인간 취급을 해보라. 물론, 유치한 방법이긴 하지만 꽤 유용하다. 그런데 자녀교육에선 때론 유치한 방법이 필요하다. 어른이고 아이고 경험만큼 좋은 게 없다.

배고프다는 말, 용돈 달라는 말도 다 무시하면 된다. 얼마 안 가 아이의 불만이 쏟아질 것이다. 그때 차분히 얘기해라. 인사는 왜 해야 하는지, 가까운 가족끼리의 인사야말로 왜 기본인지를.

'뭘 가족끼리 말 안 해도 다 알겠지.'

이렇듯 가족이니 인사쯤은 안 해도 된다는 생각을 많이 한다. 그런데 아니다. 말 안 하면 모른다. 혹시 안 하고 있었다면, 오늘부터 당장 인사하는 습관을 들이자.

"잘 다녀왔니?"

"엄마, 안녕히 주무셨어요?"

"아빠, 다녀오셨어요?"

부모의 솔선수범이 답이다

나는 아이들에게 작은 부탁을 할 때도 꼭 인사를 한다.

"쓰레기 좀 버려줄래? 고맙다."

"빨래 좀 걷어주겠니? 정말 고마워."

"엄마 물 한잔 부탁해~. 고마워."

작은 일에도 먼저 인사를 한다. 아이들은 하기 싫을 때도 있을 테지만 내가 먼저 감사 인사를 해서인지 기꺼이 해준다.

'모범이 답'이라고 나는 아이들과 있을 때는 더더욱 이웃들에게, 아파트 경비 아저씨께 비교적 큰 소리로 인사를 한다. 버스 탈 때 처음 보는 기사님에게도 카드를 찍으면서 "안녕하세요?"라고 인사한다. 택시 탈 때도 기사님께 "안녕하세요?"를 빠트리지 않는다.

그랬더니 어릴 때 아이들은 "엄마는 어떻게 버스 아저씨들을 다 알아?"라며 놀라워했다. 엄마를 마당발로 알던 순박한 아이들!

대부분의 아이들은 이처럼 인사는 아는 사람끼리 한다고 생각한다. 처음 보는 사람과도 인사를 할 수 있다는 게 신기했나 보다. 그런데 시간이 지나고 엄마의 모습을 지켜본 아이들도 어느새 자연스럽게 처음 본 사람에게도 인사를 하기 시작했다.

사실 나도 처음엔 버스 탈 때 기사님께 인사하기가 쑥스러웠다. 인사를 하면 같이 "안녕하세요?" 해주는 기사님도 있지만, 어떤 기사님들은 별 대꾸가 없다.

버스 안, 많은 사람들의 무표정이 때론 민망함을 배가 되게 했다. 하지만 꾹 참고 인사를 했다. 하차할 때 "감사합니다"라고 소리치고 후다닥 내리곤 했다.

요즘에는 습관이 무섭다는 걸 깨닫는다. 이젠 인사를 안 하면 더 어색하다. 다행히 요즘은 버스 기사님들도 많이 달라졌다. 버스를 타면 많은 기사님들이 버스에 오르고 내리는 사람들에게 일일이 인사를 하기도 한다. 얼마나 목이 아플까 걱정될 정도다.

아쉬운 건 기사님들의 인사에 함께 인사하는 승객들은 많지 않다는 점이다. 아직도 많이 어색해 한다. 버스, 엘리베이터 등에서 다정하고 상냥한 인사가 넘쳐나기를 기대해본다.

되로 주고 말로 받는
센스 만점 호칭

인사할 때 한 가지 팁이 있다. 호칭에 신경 쓰라는 것이다. 여러분들은 상대에게 어떤 호칭을 사용하는지 생각해보라.

20, 30대쯤으로 보이면 남자는 학생이나 총각, 여자는 아가씨나 언니, 40대 이후는 남자는 아저씨, 여자는 아줌마? 그 후로는 어머님, 아버님, 어르신?

아니면 "여기요" "저기요" "있잖아요"? 사실 사람들은 이 호칭을 제일 많이 쓴다.

그렇다면 나도 그런 호칭으로 불리고 싶은지 생각해보자. 50대 싱글을 '아줌마'라고 부르면 기분 나빠할 것이다. 이에 비해 40대 아줌마에게 '언니'라고 불러봐라. 입이 귀에 걸린다.

그러니 아저씨, 아줌마보다는 기사님, 원장님, 사장님으로 불러보

자. 호칭을 바꾸면 대우가 달라진다. 인사의 기본이 말이다. 말이 바뀌면 맘이 바뀐다.

내가 누군가를 '아저씨, 아줌마'라고 부르면 상대도 나를 '아저씨, 아줌마'라고 부른다. 내가 상대를 '사장님, 기사님, 원장님'이라고 불러보자. 상대도 나를 '사장님, 사모님'이라고 부른다.

지금은 단골이 된 동네 미용실에 처음 갔을 때였다. 별 생각 없이 "아줌마, 머리 이렇게 해주세요!" 했더니 미용사의 표정이 좋지 않았.

눈치가 빠른 나는 다행히 금방 알아챘고, 그다음에는 "원장님, 예쁘게 해주세요!" 했더니 미용사가 방글방글 웃으며 모발 영양제에 드라이까지 서비스를 팍팍 해주셨다.

슈퍼를 가고 세탁소, 치킨 집을 가더라도 "사장님~"이라고 불러보자. 서로 기분 좋은 말이다. 옷의 얼룩이 감쪽같이 사라지는 건 기본이고, 치킨 다리 한 조각이 더 올 수도 있다.

그렇게 상대를 배려해서 호칭을 불러주다 보면 어쩌다 가끔은 중년을 훌쩍 넘긴 나이에도 '아가씨'란 말을 듣는 행복한 순간이 오기도 한다. 물론 상대방의 시력 때문(?)이겠지만 그래도 듣기 좋은 건 어쩔 수 없다. 여자들은 나이가 들수록 왜 그리 아가씨란 호칭에 집착하는지 모르겠다.

부모는 아이의 거울이라는 말이 있다. 아이는 어른 따라쟁이다. '그 부모의 그 자식'이라는 옛말이 하나도 틀리지 않다. 아이에게 인사 안 한다고 야단칠 필요 없이 어른이 모범을 보이면 교육이 저절로 된다.

인사가 주는 기쁨을 누리자

집에 두 달에 한 번 오는 정수기 코디, 일주일에 한 번 오는 막내 학습지 교사, 한 달에 한 번 오는 가스 검침원 등 이분들이 우리 집에 와서 일을 끝내고 갈 때 우리 아이들 셋은 모두 현관에 나와 배웅 인사를 한다. 공부하던 아이들이 방에서 나와 차렷 자세로 인사하면 상대방이 깜짝 놀라기도 한다.

"아니, 이렇게 셋 다 안 나와도 되는데……."

그런데 인사를 잘하면 자다가도 떡이 생긴다. 정수기 코디는 다음에 올 때 물티슈 하나, 행주 하나라도 더 주시고, 학습지 교사는 아이들 학년에 맞춰 기출문제지를 일부러 챙겨 오신다. 가스 검침원은 가스비를 깎아주시지 못해 미안해하는 눈치다.

물론 덤이 생기는 건 좋지만 그렇다고 덤 때문에 인사를 잘하라는 건 절대 아니다! 간단한 인사 한마디가 사람의 기분을 즐겁게 한다는 말이다. 그분들의 일상에 아주아주 작은 행복이랄까?

우리 집 아이들 셋이 원래 인사를 잘했냐고 묻는 사람들이 있다. 사실 그렇게 되기까지는 엄마인 내 수고로움이 컸다. 처음엔 혼도 내고 버럭 화도 많이 냈지만, 가장 좋은 방법은 엄마가 먼저 실천하는 것이라는 걸 깨달았다.

나는 아이들 앞에선 더 오버해서 사람들에게 인사를 하기도 했다.

"너희들이 인사 잘 안 해서 엄마가 너희 몫까지 하려니까 이렇게 오버해서 인사하는 거야."

때론 아이들이 민망해 할 정도로 크게 인사했다.

자다가도 떡이 생기는 인사

어떤 이유에서든 인사받고 싫어하는 사람은 없다. 예상치 못한 인사를 받았을 때 마음이 행복해지는 경험을 해본 사람들은 알 것이다.

우리 식구들은 집 앞에 자주 오는 야쿠르트 아줌마에게도 꼬박꼬박 인사를 한다. 덕분에 어느 날에는 지나가는데 시원한 야쿠르트를 얻어 마시기도 했다.

찌는 듯한 무더위에 시원 달콤한 야쿠르트를 얻어마셨을 때의 기쁨을 여러분도 느껴보길 바란다. 참, 인사를 꼬박꼬박 했는데 야쿠르트를 안 준다고 저를 원망하지는 마시길……. 야쿠르트를 주고 안 주는 건 순전히 그분 마음이다!

우리 집 막내가 같은 아파트 사는 아주머니한테 인사를 잘했더니 그분이 너무 인사 잘해서 예쁘다고 몇 번 과자를 주셨다. 아들 머릿속엔 그 아줌마에게 인사를 하면 과자를 받는다고 각인되었나 보다. 그 집에 가는 심부름은 전부 자기가 하겠다고 나선다. 그 아주머니는 아들 녀석을 실망시키면 안 된다고 일부러 과자를 사두실 정도다. 어떻게 보면 과자가 미끼 같기도 하지만 그래도 아이가 인사를 잘하게 되었으니 실보다는 득이 많은 셈이다.

아이들과 아파트 경비실을 지나칠 때마다 하루에도 몇 번씩 경비 아저씨들께 인사를 꼬박꼬박 하고 다녔다. 경비 아저씨들 눈에 우리 집 아이들은 인사 잘하는 아이들로 콕 찍혔다. 현관 출입문 열쇠가 없어도 우리 집 아이들이 문 앞에 서면 그냥 열어주는 특급대우까지 해주신다.

거기다 아저씨들께서 세 아이들에게 좋은 호칭을 마구 남발해주신다.

"예쁜아~ 똘똘아~ 귀염둥아~."

아저씨들이 이렇게 불러주시니 아이들도 더 예의 바르게 행동하게 된다. 어른은 물론이고 아이도 누군가 타인에게 인정받고 있다는 걸 알면 자신의 행동을 더 조심하는 것이다.

인사에
플러스 알파를 더하자

인사는 말로만 하는 걸 의미하지 않는다. 인사에 조금만 더 신경을 써보자. 덤으로 사람들의 정(情)까지 얻을 수 있다.

나는 머리를 하러 미용실 갈 때나 친구 집에 갈 때, 이웃집에 차 마시러 갈 때도 가기 전에 집을 두리번거린다. '뭐 잊어버린 게 없나?'가 아니라 '뭐 가져갈 것 없나?' 싶어서다.

그곳에서 뭘 가져오라고 한 게 아니라, 그냥 소소한 정을 나누고픈 내 마음이다. 비싸고 거창한 것은 아니어도 배즙 한 봉지, 볶은 땅콩 한 봉지, 누룽지 한 조각, 식용유 한 병, 사과 두 알도 좋고 상추 몇 포기도 좋다.

"안녕하세요? 이것 좀 드세요."

"땅콩 볶았는데 그냥 심심할 때 드시라고 가져왔어요."

"상추는 부모님께서 직접 재배하신 건데 맛 좀 보세요."

"배즙이 목에 좋다니까 목 아플 때 드세요."

정은 어느 날 갑자기 생겨나지 않는다. 작고 소소한 데서 싹튼다.

너무 소소한 걸 갖다 주면 싫어하지 않냐고? 경험상 상대방이 혹시라도 싫어하는 음식일지라도 그 마음을 알기에 모두가 감동하고 감사해 했다. 시작은 한쪽에서 하지만 얼마 지나지 않아 정이 마구 돌고 돈다. '오고가는 음식 속에 싹트는 정'이 바로 이런 것이다.

좋은 습관은
대물림된다

　이웃집 등에 뭔가를 가져갈 때 내게 무언가 되돌아오길 바라는 마음은 전혀 없었다. 그런데 언젠가부터 항상 넘치게 되돌아온다.

　미용실 원장님은 머리도 더 예쁘게 잘라주고, 1센티미터가 기본인 뿌리염색을 2센티미터까지도 봐준다. 이웃도 다음에 우리 집에 올 땐 뭔가를 손에 들고 온다.

　결혼 후 처음엔 남편이 놀랐다. 너무 퍼주는 거 아니냐고. 그런데 시간이 흐르자 이제 뭐가 없어졌으면 "또 누구 줬구나?" 한다.

　생각해보자. 집집마다 냉장고에 음식이 넘쳐난다. 그런데 먹지 않는 음식이 가득 찬 냉장고를 두고 사람들은 점점 더 큰 냉장고를 산다. 냉장고가 왜 이리 커질까? 나는 가끔 궁금하다.

　문제는 그 식재료를 다 먹을 것 같겠지만 시간이 지나면 결국 버리는 것들이 꽤 많다는 것이다. 구입할 때도 돈을 쓰고 버릴 때도 돈을 쓰다니! 과연 뭐 하는 걸까.

우리 생활에 냉장고가 없던 옛날엔 식재료를 오랫동안 보관하는 것이 불가능했기에 오히려 이웃과 더 자주 나눠먹지 않았을까. 덕분에 그 시절에는 정이 넘쳤다. 음식은 맛있을 때 먹는 게 최선이다. 오늘부터라도 냉장고 문을 활짝 열고 나눔을 즐겨보자. 주위 사람들과 나눈다고 해서 가난해지지 않는다. 나누는 것도 인사다. 또한 이웃들과 나누는 삶을 사는 나를 보면서 우리 아이가 그대로 배운다.

나누는 부모, 퍼주는 아이들

내가 이렇게 주위에 나눠주는 걸 좋아하니 이젠 아이들이 먼저 나선다.

지방에서 단감나무를 키우는 지인이 해마다 단감을 한 박스씩 보내주신다. 택배가 도착하면 아이들은 재빨리 비닐봉지를 들고 대기한다.

"윗집은 제가 갖다 드릴게요."

"아랫집은 몇 개씩 담을까요?"

"경비 아저씨도 갖다 드려야죠?"

"이모 집은 많이 담아야죠?"

친정 부모님이 텃밭에서 키운 채소를 보내주시면 상추, 고추, 가지,

오이를 골고루 나눠 담는 것도 아이들 몫이다. 채소를 받는 사람들이 고마워하는 모습을 보고 아이들은 기분이 좋단다. 그래서 서로 많이 가져다 드리겠다고 아우성이다. 아주 가끔은 다 퍼주고 정작 우리 식구들 먹을거리가 부족할 때도 있지만, 나는 아이들이 나눔의 기쁨을 알게 된 것만으로도 대만족이다!

우리 친정 부모님 또한 주변 사람들에게 뭔가를 나눠주는 걸 좋아하셨다. 그래서 우리 5남매가 이 집 저 집에 먹을거리를 갖다 드리는 심부름을 많이 했다.

아직도 기억에 남는 일이 있다. 엄마는 가끔 경비 아저씨께 우유를 드렸다. 장볼 때 엄마는 우리 가족용으로 제일 작은 야쿠르트를 사고 경비 아저씨 것은 늘 비싼 우유를 사셨다. 아이스크림도 가족이 먹을 것은 100원짜리 아이스크림 바로, 아파트 청소부 아줌마 먹을 것은 200원짜리 아이스크림 콘으로 사셨다.

"이왕이면 남들에게는 더 좋은 것을 줘야 한단다."

엄마는 그렇게 말씀하셨다.

시간이 흘러 내가 어른이 되어 보니, 어릴 적 엄마에게서 보고 배운 것들이 내게 자연스럽게 배여 있었다. 놀라운 건 엄마랑 똑같은 행동까지 하고 있다는 것이다.

체코 속담에 "습관은 철로 만든 셔츠다"라는 게 있다. "세 살 버릇 여든 간다"와도 같은 뜻이다. 한번 입으면 절대로 벗을 수 없는 철로 만든 옷처럼 어떤 습관을 몸에 입을 것인지는 스스로 선택하는 것이다. 한편, 아이의 평생 습관을 결정짓는 데는 부모의 역할이 무척 크다.

이제부터라도 부모뿐 아니라, 아이에게도 인사 잘하는 습관을 들이도록 하자. 특히 아이에게 바른 습관을 갖도록 최선을 다하는 게 부모가 해야 할 가장 기본적인 책임이고 의무다.

인성이라는 집을 모래로 지을 것인지 벽돌로 지을 것인지는 부모의 손에 달려 있다. 가정에서 부모에게 배운 인성은 그 무엇으로도 깨트릴 수 없다.

그러니 당장 오늘부터 실천하자. 인사는 습관이다!

명품 인성 만드는 좋은 인사 생활습관

1. 눈빛만 마주쳐도 인사한다. 혹시 상대방이 못 봐서 뻘쭘~ 할 때는 한마디 덧붙이면 된다. "못 봤나?"
2. 하루에 열 번을 만나면 열 번 인사한다. 그게 다 좋은 인연이다!
3. 인사말을 입에 붙여라. "안녕하세요?" "별일 없으시죠?" "식사는 하셨어요?" 등등.
4. 인사할 때는 이왕이면, 웃는 얼굴로 하자. 상대방이 울고 있는데 웃지는 말고, 상대방의 표정 봐가면서~!
5. 진심을 담아 인사해라. 하기 싫은데 억지로 하면 티가 다 난다.

4장
식사는, 감사합니다

부모한테 혼도 나고 잔소리도 들어야 한다. 그렇게 잘못된 습관을 고쳐가야 한다. 남의 집 자식한테는 싫은 소리하면 큰일 나는 줄 아는 세상에서는 부모가 더 역할이 크다.

식탁에서 시작되는 가정교육

밥 먹기 싫다는 아이를 쫓아다니는 부모들이 많다.

"한 숟가락만 먹어. 다음에 네가 좋아하는 거 줄게."

그러면서 눈치 보고 떠받들어 키운 아이는 본인이 어디에서나 최고인 줄 안다. 당연히 밥 투정, 반찬 투정은 기본으로 하는 사람으로 큰다.

제발 멀리 보고 아이들을 키우시길 바란다.

지금 부모 눈엔 사랑스런 아이지만 남의 눈엔 '눈엣가시'가 될 수 있다. 부모가 아이를 제대로 교육시키는 걸 두려워하는 순간, 내 아이는 부모 외의 다른 모든 사람에게 욕먹는 사람이 될 수 있다는 걸 잊지 말아야 한다.

잘못된 식사 예절이 아이를 망친다

　첫 아이가 어릴 적, 동네에 친한 엄마들 넷이 있었다. 식사 때마다 그 중 한 친구가 딸아이 밥을 떠먹여줬다. 그 친구네랑 밥을 먹으면, 지금껏 혼자 잘 먹던 다른 집 아이들도 엄마에게 먹여달라고 떼를 썼다.

　그 친구 집은 하루 종일 식탁에 밥이 차려져 있었다. 아침을 11시까지, 점심은 3~4시까지, 저녁은 밤늦게까지 먹였다. 아이가 놀다 한 숟가락 먹고, 자다 한 숟가락 먹었다. 심지어 화장실 가서 앉아있다가도 한 숟가락을 먹었다.

　하루 종일 애를 쫓아다니던 그 친구는 짜증을 자주 냈다. "힘들다"는 말을 입에 달고 살았다. 함께 있다 보면 다른 사람까지도 피곤해졌다.

　그러다 보니 그 친구에게 급한 일이 생겨도 주변 친구들이 그 집 아이를 돌봐주겠다고 나서지 않았다. 아이의 신경질을 감당할 자신이 없었기 때문이다.

　세월이 흘러, 나와 두 친구들은 돈독한 우정을 유지하고 있다. 하지만 그 친구는 지금 어디 사는지도 모른다. 아이에 대한 과도한 집착과 사랑이 우정을 깨트릴 수 있다. 아니, 아예 사람과 멀어지게 한다.

　볼때마다 이런 말 하는 분이 계셨다.

　"나는 아침마다 너무 바빠. 새벽부터 일어나서 가족들 식사 준비 하느라 정신이 없다니까. 아이들 셋 식성이 다 달라서 세 가지 요리를 하거든. 큰애는 샌드위치, 둘째는 오므라이스, 막내는 죽, 남편은 샐러드. 나 같은 엄마가 어디 있겠어?"

늘 자신이 얼마나 부지런하고 좋은 엄마인지 강조했는데 그분이 모르는 게 있었다. 주위 사람들은 그 집 아이들과 노는 걸 다 피했다는 사실! 그냥 본인 만족이었던 것이다. 친구 집 가서 본인이 원하는 음식을 해달라고 떼쓰는 입맛 까다로운 아이를 누가 좋아하겠는가.

친구 집에 놀러간 아이가 그 집 엄마가 비빔밥을 해줬는데 이랬다고 생각해보자.

"난 이런 거 안 먹어요. 스파게티 해줘요."

"전 돈가스 먹을래요. 엄마는 다 해주는데…… 고기 먹고 싶어요!"

아무리 우리 아이 절친이라도 한 대 쥐어박고 싶어질 거다.

어느 집에 가서 어떤 음식을 대접받아도 감사히 맛있게 즐겁게 먹는 아이로 키워라. 그런 아이가 인기도 많고 사교성도 좋아 커서 사회생활을 성공적으로 해낼 것이다.

부모가 자식 앞에서 벌벌 떨지 말아야 한다. 우리가 호랑이 키우는 것도 아니고, 아이가 자랄 때 듣기 싫은 말을 해줄 사람은 자기 부모밖에 없다.

부모한테 혼도 나고 잔소리도 들어야 한다. 그렇게 잘못된 습관을 고

쳐가야 한다. 남의 집 자식한테는 싫은 소리하면 큰일 나는 줄 아는 세상에서는 부모가 더 역할이 크다.

부모가 오냐오냐 비위 맞춰주고, 거짓 칭찬으로 키우면 집 밖을 나서는 순간 아이는 '밉상'으로 전락한다. 우리 아이를 언제 어디서나 사랑받는 사람으로 키워야 하지 않겠는가.

즐거운 식탁, 행복한 가족

요즘의 일반적인 가정의 식탁 풍경을 떠올려보자. 아이들 좋아하는 반찬, 아이들 머리가 좋아진다는 음식, 정신이 맑아지는 음료 등은 아이들 앞에, 쉬어 빠진 김치는 아빠 앞에.

인성의 기본은 가정에서 시작된다. 부모의 관계를 보면서 아이는 인간관계를 배운다. 아이를 우선으로 여기고 아이만 챙기는 엄마가 많지만, 그 아이는 어른이 되어 엄마만 챙기지 않는다. 부모가 서로를 존중하고 위할 때 아이는 그렇게 배운다. 엄마가 아빠를 존중해야 아이도 아빠를 존중하고, 아빠 역시 엄마를 존중해야 아이도 엄마를 존중한다.

아이가 먹고 싶다는 음식은 다 해주면서 남편이 저녁에 밥 안 먹고 들어오면 짜증부터 내는 엄마가 많다. 힘들어도 그 짜증은 버려야 한다. 아빠 밥, 남편 밥을 정성 다해 챙겨주는 것을 아이가 보고 배운다.

한번은 지인이 "집에 가기 싫다"고 해서 이유를 물었다. 그랬더니, 아내가 밥도 대충 차려주고 밥 먹을 때 하는 얘기가 늘 똑같다고 한다.

"애들 학원비가 얼마다, 돈이 부족하다, 시댁 식구들 이상하다, 우리도 여행 가자……."

밥 먹다가 밥맛이 뚝! 떨어져서 집밥 먹기 싫다는 하소연을 했다. 차라리 회사 식당에서 맘 편히 먹고 가는 게 낫다고도 말했다.

어릴 적 우리 엄마는 아빠가 드실 공깃밥을 이불 속에 따뜻하게 보관하시곤 했다. 비록 어렸지만 아빠가 집에서 존중받고 소중한 존재라는 생각이 들었다.

난 아이가 좀 늦게 귀가할 때 이 방법을 가끔 써먹는다. 일부러 밥을 담요에 둘둘 말아서 보관하다 아이가 집에 오면 말한다.

"엄마가 밥그릇을 꼭 껴안고 있었어~ 엄마의 사랑은 이 정도야~."

그러면서 정성스럽게 밥그릇을 내준다. 아이는 기막혀 하지만 "엄마, 너무 웃겨~" 이러면서 좋아한다.

남편한테도 이렇게 해보라. 아마 옛날을 추억하면서 감동할 것이다.

사라진
밥상머리 교육

옛날부터 함께 밥을 먹어보면 그 사람의 됨됨이를 알 수 있다고 했다. 식사 예절이 바른 사람을 가리켜 "밥상머리 교육을 잘 받았군" 하기도 했다.

그런데 지금의 대한민국에서는 제대로 된 밥상머리 교육을 하는 가정이 별로 없다. 문제는 밥상머리 교육의 부재가 아이의 인성에 더 큰 구멍을 내고 있다는 것이다.

밥상머리 교육이 사라지고 있는 주요한 이유는 뭘까?

가장의 권위 실종!

요즘 대한민국엔 아버지들이 없다. 아이들이 좋은 대학에 가려면 아버지의 무관심이 필수조건이라는 우스갯소리가 마음을 착잡하게 한다.

어른 먼저 수저를 들고, 아이가 수저를 드는 집, 과연 얼마나 될까?

'아이 공부가 우선'이라는 분위기!

아이 공부를 위해서라면 온 가족이 기꺼이 희생을 각오하는 가정이 많다. 주말부부, 기러기가족도 대부분 자녀교육이 만든 가족 형태다. 거기다 아이는 공부만 잘하면 모든 게 용서되는 분위기다.

가족이 함께 밥 먹을 시간 부족!

가족이 넷이면 엄마는 한 끼 밥상을 네 번 차린다는 식의 이야기를 들어봤을 것이다. 출근 시간, 등교 시간 등이 서로 다르니, 가족이 모여 밥 먹는 횟수가 한 달에 몇 번 안 된다. 가족끼리 친해질 좋은 기회가 바로 식사 때다. '밥정'을 쌓을 귀한 시간이 안타깝게도 점차 사라지고 있다.

밥상머리 교육을 책임질 부모의 교육관 부족!

옛날엔 대부분 가족이 모여 식사를 했고 밥을 먹으면서 부모가 아이들에게 식사 예절과 더불어 인생을 살아가는 법까지도 알려줬다. 그러나 요즘은 부모조차 자식에게 무엇을 가르쳐야 하는지 모르는 사람이 많다.

일단 애가 밥을 잘 먹어만 주면 고마워하는 분위기다. 근데 이거, 아니지 않나?

나의 식사 예절은 몇 점일까?

우리 어른의 식사 예절부터 점검해보자. 심심풀이 땅콩 같은 테스트를 다시 하고 가자.

나의 식사 예절 테스트

다음의 10가지 질문에 '맞다'고 생각되면 동그라미를 쳐보자. 그리고 동그라미 개수를 세어 결과를 확인하자.

1. 식사 전, "잘 먹겠습니다"라고 반드시 인사한다. 물론 다 먹은 다음에도 "잘 먹었습니다"라고 한다. ( )
2. 식사를 함께하는 사람과 식사 속도를 비슷하게 유지한다. ( )
3. 식사를 함께하는 사람과 대화를 나누며, 나 혼자 떠들지 않는다. ( )
4. 밥인지 반찬인지 모르게 지저분하게 먹는 사람도 있던데, 나는 밥을 먹을 때 밥과 수저가 깔끔하다. ( )
5. 음식을 여기저기 흘리며 먹지 않는다. ( )
6. 반찬을 나 좋아하는 것만 먹지 않고, 골고루 먹는다. ( )
7. 내 몫의 밥을 남기지 않는다. 양이 많다 싶을 때는 미리 덜어놓는다. ( )
8. 쩝쩝 소리 내거나 방귀를 뀌거나 트림을 하지 않는다. ( )
9. 여럿이 식사 메뉴를 정할 때, 다른 사람들의 의견을 존중한다. ( )
10. 식사 후, 내 밥그릇과 수저를 설거지통에 넣는다. 외식 시에도 다 먹은 그릇은 덮어놓거나, 수저를 가지런히 놓아 식사를 마쳤음을 표시한다. ( )

[테스트 결과]

0개: 식사꽝! 당신은 "함께 밥 먹자"고 하면 상대가 도망치고 싶어 하는 사람이다. 차라리 전 굶겠습니다!

1~3개: 아무리 배고파도 함께 밥 먹기 망설여지는 사람~. 둘이 먹다 체하느니, 마음 편히 혼자 먹겠다.

4~6개: 가끔 만나 밥 먹기 좋은 사람이다. 혼자 벽 보면서 먹기보다는 당신이랑 먹겠다.

7~9개: 식사 예절이 바른 당신은 괜찮은 사람이다. 매일 함께 밥 먹고 싶다. 식욕이 없을 때 당신과 함께라면 식사 시간이 즐거워진다.

10개: 식사왕. 함께 먹어만 준다면 감사하다. 언제든 불러만 주길. 게다가 내가 밥을 사면, 다음에는 당신이 내는 '센스 있는 사람'!

고백 하나 하자면, 어릴 땐 밥 한 톨 흘리지 않고 오물오물 잘 먹었던 내가 언제부턴가 입을 오므리며 먹어도 자꾸만 음식을 흘린다. 자연스러운 노화현상(!)이라고 우겨도 보지만……. 앞으로 테스트 문항의 8번에도 해당되는 게 아닐까 점점 두려워진다.

그리고 아이들 편식을 안 시키려고 해도, 부모 편식도 만만치 않은가. 식사 예절은 아이들을 나무라기 전에 어른부터 점검해봐야 할 것 같다. 자, 그럼 어른, 아이 할 거 없이 우리 모두 식사왕이 되는 그날까지 달려보자.

엄격한 아버지의
깐깐한 밥상머리 교육

어릴 적 나는 부모님께 꽤 엄격한 밥상머리 교육을 받았다. 40년 넘게 교육자로 살아오신 아버지의 밥상머리 교육은 늘 한결같았다. 우리 집은 부모님과 5남매, 거기다 사촌 한 명이 함께 살았는데, 대개 여덟 식구가 함께 밥을 먹었다.

집에는 그 많은 식구가 모두 둘러앉을 수 있는 크고 동그란 상이 있었다. 엄마가 특별히 주문했던 상으로 크기가 무척 컸다.

우리 남매들은 아무리 피곤해도 아침에는 항상 가족과 함께 밥을 먹어야 했다. 심지어 방학 때는 일어났다 다시 자더라도 아침밥을 먹어야 했다. 게다가 식사 시간은 정해져 있었다. 아빠가 아침 드시는 시간.

초중고 시절 내내 아침 먹을 때마다 귀에 못이 박히도록 아빠께 밥상머리 교육을 받았다.

"함께 먹는 사람과 속도를 맞춰라."

"맛난 반찬은 먹는 사람 수에 맞춰 나만 먹지 말고 적당히 먹어라."

"밥알 흘리지 마라. 흘린 밥알은 다 주워 먹어라."

"밥 위에 반찬 올려서 지저분하게 먹지 마라."

"도시락은 밥도, 반찬도 절대 남기지 마라."

당시에는 아빠가 너무 깐깐하다고 생각했다. 땅바닥에 떨어진 밥알을 주워 먹어야 할 땐 눈물을 흘리기도 했으니까.

 지금 생각해보면 밥 한 톨도 남기지 말라는 건 농부의 수고로움을 귀하게 여기셨던 마음이었고, 밥을 깨끗이 먹으라는 건 혹시라도 밥이 남게 되면 누룽지라도 만들 수 있게 하라는 배려였다.

잊히지 않는 게 또 하나 있다. 겨울철 매일 밥상에 동치미가 올라왔는데, 식사가 끝나갈 때쯤 되면 시원한 동치미 국물은 없어지고 늘 물 빠진 무만 남았다.

부모님은 어떻게 했을까? 남은 무를 가족 수에 맞춰 나눠주셨다. 나중에는 부모님이 나눠주기 전에 5남매가 알아서 자기 몫의 무를 먹었다. 당시 다 같이 우적우적 무 씹던 소리가 지금도 들리는 것 같다.

엄격한 우리 집만의 식사 규칙과 예절이 있던 밥상머리였지만, 그렇다고 식사 분위기가 딱딱하진 않았다. 어제 있었던 일과 오늘 할 일에 대해 얘기하느라 시끌벅적하고 재미있었다. 돌이켜보면 그 시간을 통해 가족들이 소통하고 서로에 대한 관심을 가질 수 있었다. 부모님도 아이들에게 할 이야기가 있으면 식사 시간을 많이 이용하셨다.

함께 밥 먹고 싶은 사람이 되어라

어른이 된 후에 밖에서 밥 먹을 기회가 많아졌는데, 식사 예절 없는 사람들을 자주 접하면서 식사 예절을 제대로 가르쳐주신 아빠에게 감사한 마음이 커졌다. 반찬을 여기저기 흘리고, 좋아하는 반찬을 앞으로 끌어다 먹으면서 편식하고, 먹다 남기고, 밥알 튀기면서 먹는 등등의 나쁜 식사 습관이 몸에 밴 사람들이 많았다.

그중 밥을 유난히 시끄럽게 먹는 사람을 만날 때가 가장 안타까웠다. 냠냠이 아니라 쩝쩝거리는 경우가 있다. 맛있게 먹는 거라고 항변하기도 하는데, 쩝쩝거리며 먹는 건 예의가 아니다. 친구들이랑 시끄러운 식당에서 쩝쩝거릴 땐 별 티가 안 날 수도 있다. 그런데 사회생활하면서 직장 상사와 거래처 사람들과 또는 어른들과 밥을 먹으면서도 쩝쩝거릴 건가? 두근두근 소개팅에 나와서 상대방 앞에서 쩝쩝거리며 먹을 것인가? 때와 장소에 맞는 사람이 되어야 한다. 그 '때와 장소'에는 먹을 때도 포함된다.

오래전 방송국에서 함께 일했던 분이 있다. 그분은 식사할 때마다 함께 밥 먹는 사람들의 입맛을 뚝 떨어뜨렸다. 쩝쩝거리는 건 기본이고, 김치든 고기든 젓가락으로 조각조각 내서 밥그릇에 두는 버릇이 있어서 너무 지저분했다. 식사를 같이하는 사람들이 밥 먹는 동안 눈을 어디 둬야 할지 난감해 했을 정도다.

그분은 업무 능력은 뛰어났지만 잘못된 식사 습관 탓에 동료들의 기피 대상이었다. 특히 식사 시간 직전에.

세월이 많이 흐른 지금도, 그분 이야기가 나오면 사람들의 반응은 똑같다.

"밥 더럽게 먹던 그 사람?"

살면서 느낀 바가 크기에 여러분에게 아이의 어릴 적 식탁 교육은 강조에 강조를 하고 싶다. 어릴 때 배운 식사 예절은 그대로 습관으로 굳어져 어른이 된 후엔 고치기가 힘들다.

하루에 세 번, 평생 먹는 밥. 함께 밥 먹기 싫은 사람은 되지 말자.

부드러운 한마디 말의 효과

얼마 전에 있었던 일이다. 우리 집은 엄마인 내가 밥과 반찬을 만들고, 그 나머지인 수저 놓기와 식탁 치우기, 반찬 그릇 닫기, 다 먹은 그릇 설거지통에 넣기는 아이들 셋이 함께한다.

원래 그랬냐고? 설마! 당연히 아니다.

오랜 시간 동안 입이 닳고 목이 터져라 교육시킨 결과다. 그러나 아무리 교육을 거듭해도, 아이들은 항상 빈틈을 보여준다.

그날은 둘째가 밥을 먹고 자신이 먹은 그릇조차 설거지통에 넣지 않고 반찬 그릇도 닫지 않고, 아무런 말도 없이 몸만 쏙~ 빠져 나갔다. 그걸 보고 내가 '어떤 행동과 말'을 했더니 둘째가 바람처럼 달려왔다.

"엄마, 죄송해요. 한번만 봐주세요."

둘째는 애교까지 부리며 그릇 정리를 했다.

과연 내가 어떻게 했을까? 소리 지르고 화를 냈다? 등짝을 때리며 욕을 했다? 말없이 밥그릇을 던졌다?

절대 아니다. 그저 웃으면서 조용하고 정중하게 말했다.

"어머? 우리 집에 손님이 오셔서 식사를 하셨네요? 손님, 밥값 주세요. 집까지 오셨으니 특별히 5천 원만 받을게요."

가끔은 부드러운 말 한마디의 힘이 더 효과적이다.

덧붙여서 둘째에게 차분히 이야기했다. 식당에 가서 먹는 밥과 가족이 집에서 먹는 밥의 차이에 대해서.

"가족이 함께 먹는 밥이란, 함께 만들고 함께 먹으면서 얘기하고 함께 치우는 시간을 전부 말하는 거란다. 그 모든 게 가족과 함께하는 거라 더 소중한 거지."

사실 둘째는 돈이 아까워 후다닥 치웠는지도 모르겠다. 엄마가 밥값을 끝내 받아낼 사람이라는 걸 알 테니까!

즐겁게 식사하는
가장 특별한 비법

　식사 예절이 중요하다고 하니 식사 시간에 조용하고 경건해야 한다고 생각하는 사람도 있을까? 하지만 지금은 조선 시대가 아니다. 가뜩이나 웃을 일 없는 세상에 가족 식사 시간만이라도 웃으며 즐겁게 보내자.

　그렇다면 어떻게 해야 식사 시간이 즐거워질까?

　우리 집은 아이들이 어릴 적에 '요리 재료 알아맞히기 게임'을 했다. 식사 때 내가 먼저 이렇게 물어봤다.

　"음식을 먹으면서 뭐가 들어갔을까?"

　그러면 아이들은 먹으면서 상상하고, 곰곰이 생각해서 하나라도 더 알아맞추려고 했다.

　'레시피 만들기 게임'도 아이들이 재미있어 했다. 특히 아이들이 맛있어 하는 음식이 있으면 이렇게 말했다.

"엄마의 미소, 사랑 담뿍, 행복 한 그릇을 아낌없이 넣었어."

가끔 애들이 싸웠을 때, 말을 안 들었을 때는 음식을 평소보다 맛없게 만든 다음에 이렇게 설명했다.

"엄마의 눈물 한 컵, 한숨 두 스푼, 화(火) 한 국자, 부글부글 분노 한 대접을 넣었어."

이런 게임을 통해 아이들은 맛있는 음식을 먹으려고 덜 싸우고 덜 짜증내게 되었다. 그리고 나중엔 넉살이 늘어 엄마의 정성이 들어갔느니, 엄마의 포근한 사랑이 들어갔느니 하며 능청을 떨기도 했다.

또 음식을 만들 때 아이를 참여시키는 것도 좋은 방법이다.

"맛 좀 봐줄래?"

대개의 아이들은 이 말을 정말 좋아한다.

엄마의 요청에 아이는 조르르 달려와서 전문 쉐프라도 된 듯 으스대며 맛을 보고 평가할 것이다. "좀 짜요." "싱거운 것 같은데 소금을 조금만 더 넣으세요." "너무 달아요!" 이러면서.

국자라도 한번 젓게 하고, 뒤집개로 한번 뒤집어보고, 참기름 한 방울이라도 치게 하고, 깨소금이라도 뿌리게 하면 그 효과는 기대 이상이다. 아이들은 그런 거 하나만으로도 본인이 만든 음식이라며 얼마나 맛있게 먹는지 모른다.

"맛있지, 맛있지?"

가족에게 칭찬을 강요하기까지 한다.

자, 아이들이 식사 시간을 기다리게 만들고 두근거리게 하는 건 주방에 있는 사람의 몫이다.

"오늘은 무슨 요리일까? 내가 꼭 맛을 봐야지!"

식사할 때 이런 말은 가족 사랑의 에너지다.

또한 엄마들에게 당부한다. 아이가 식탁에서 식사하는 동안, 엄마는 부엌일을 하며 아이에게 이렇게 말하지 말길.

"식기 전에 먹어라."

"너희들 먼저 먹어라."

엄마는 식당 아줌마가 아니다. 식당 아줌마는 돈이라도 번다! 음식이 좀 식으면 어떤가. 가족이 함께 먹는 게 중요하다. 아이들이 그런 엄마를 보고 자라면 나중엔 진짜 엄마 몫을 남겨두지 않는다는 사실을 명심하자.

오히려 나는 틈날 때마다 아이들에게 내가 좋아하는 음식을 알려준다. 그 덕분에 우리 집 아이들은 엄마가 좋아하는 음식이 있으면 내 쪽으로 쓱~ 밀어준다.

그리고 특별한 경우가 아니라면 아이 그릇에 담아준 밥을 남김없이 먹게 하고, 즐거운 식탁에서 인상 쓰면서 억지로 밥 먹는 아이들의 밥그릇은 망설임 없이 치워야 한다. 과감하게!

식사는 즐겁게! 가족이 함께하자!

식탁 예절,
이렇게 가르쳐라

부모들은 식탁 예절을 아이들에게 어떻게 가르쳐야 할까? 다섯 가지로 정리해보았다.

첫째, 식사 전후에 인사는 기본이다.

먹기 전에는 "잘 먹겠습니다"라고, 먹은 후에는 "잘 먹었습니다"라고 인사하자. 정성껏 밥을 차려줬는데 본 척 만 척하고 밥그릇에 고개를 푹 파묻고 밥 먹는 사람은 정말 밉다. 다음부터는 대충 차려주고 싶어진다. "잘 먹겠습니다"와 더불어 "맛있어요"를 추가하면 더 좋겠다!

둘째, 밥상에서 깨작거리거나 반찬 투정이 심한 아이에겐 단호하게 대처하라.

"오늘 먹기 싫구나? 그만 먹으렴." 부모는 이렇게 말하고 단호히 밥그릇을 치워야 한다. 간식은 당연히 금지다. 아이들의 "안 먹어" "먹기 싫어"라는 말에 가슴 졸이지 말자. 밥 먹으라고 애걸하지 말아야 한다. 며칠 굶어도 괜찮다. 배고프면 다 먹는다. 음식이 소중하고 만들어준 사람의 마음을 감사히 여길 줄 아는 아이로 키워야 가족뿐 아니라 다른 사람들에게도 사랑받는 아이로 자란다.

셋째, 깨끗이 먹게 한다.

밥인지 음식물 쓰레긴지 모르게 먹는 사람들이 있다. 예전엔 지저분하게 먹으면 "개밥 먹느냐"고도 했다. 요즘은 강아지들도 지저분하게 먹지 않고 깨끗하게 사료 먹는다. 또한 식사 중에 방귀를 뀌거나 트림하는 등의 행동을 조심하게 한다. 피치 못할 경우에는 어쩔 수 없지만, 일부러 하지는 못하게 해야 한다. 장난으로 그러는 아빠도 있는데 부모가 먼저 모범을 보이도록 하자.

넷째, 비슷한 속도로 먹게 한다.

혼자만 빨리 먹고 벌떡 일어나는 것은 예의가 아니다. 함께 먹다 상대방이 후다닥 먹고 일어나면 식사 자리에 남은 사람은 몹시 당황스럽고 민망하다. 그만 먹어야 되나 싶어서 끝나지 않은 식사를 슬쩍 멈추게 된다.

그렇다고 혼자서 세월아 네월아 먹는 것도 예의 없는 행동이다. 아이가 밥을 천천히 먹는다면 기다려주되 엄마가 설거지할 때까지만 기다리고, 이후에는 과감히 치워라. 혼자 늦게 먹는 습관을 들이면 나중에 학교 급식을 먹을 때, 공동생활할 때도 문제가 발생한다.

다섯째, 가능하면 가족이 함께 먹는다.

한번은 지인이 방학 때마다 하루에 밥을 아홉 번 차리는데 이러다 부엌에서 쓰러져 죽을 것 같다고 하소연했다. 아빠는 방에서 야구 보면서, 둘째는 거실에서 만화영화 보면서 첫째는 자기 방에서 공부하면서 먹는단다. 시간도 제각각이고.

식구(食口)는 문자 그대로 밥을 함께 먹는 사람들이다. 텔레비전 끄고! 책도 덮고! 밥은 함께 먹자. 하긴 말없는 가족들이 많아서 텔레비전 안 켜면 밥 먹을 때 숨소리랑 꿀꺽꿀꺽 밥 삼키는 소리만 들려 민망하다고 하는 분들도 있다. 안타깝다.

식탁에서 수다 떠는 것도 습관이다. 가족에게 자꾸 말 걸기 연습부터 해보자. 아이가 "네, 아니오"로만 대답한다면, 부모가 질문을 바꿔보자.

수다를 이끌어내는 것도 능력이다. 아는 동생은 가끔 자기가 무슨 토크쇼 MC인 양 가족들에게 말을 시키고, 대답하게 한다. 말하는 것도 어려서부터 습관 들이지 않으면, 나중에 아이가 "엄마, 배고파요"라는 말도 문자메시지로 보낼지 모른다. 가족 간의 대화 습관을 미리미리 작업해두자.

가족이 함께하는 식사의 중요성은 미국 대통령 오바마의 일화를 통해 확인할 수 있다. 그는 대통령에 당선된 뒤 "일주일에 다섯 번은 가족과 저녁식사를 하겠다"고 선언했고 이 결심을 계속 지켜나갔다. 자녀교육에 힘쓰는 오바마다운 선택이었다. 이 일로 그의 가족은 백악관 생활을 하면서도 이전과 다름없이 단란하고 행복한 식사 시간을 보낼 수 있었다. 그리고 그 사실이 알려지면서 오바마에 대한 국민들의 호감도는 더 높아졌다고 한다.

어릴 적 부모에게서 받은 가정교육은 평생 그 사람의 인생을 좌우한다. 아이가 귀하다고 무조건 예쁘다고 오냐오냐 키우지 말고, 인성 교육만큼은 절대 양보하지 말길 바란다.

밥상머리 교육, 열심히 하면 하루 세 번씩, 일 년이면 천 번이 넘는다. 그 정도면 아마도 좋은 습관이 몸에 착 붙어서 떼고 싶어도 뗄 수 없을 것이다.

밥상머리 교육이 제대로 된 아이의 인성은 볼 것도 없다. 주변에 그런 아이들 있나 지금부터 눈여겨 찾아서 콕 찍어뒀다 잘 크면 사위로, 며느리로 덥석 빨리 모셔와야 한다.

사실 우리 집 아이들 셋을 사위, 며느리 감으로 예약하겠다는 사람들이 여럿이다. 그리고 나도 항상 두리번거린다. 괜찮다 싶은 아이들이 있으면 "애들아, 우리 집에 밥 먹으러 올래? 아줌마가 맛있는 거 해줄게!" 이런다.

밥상머리 교육 잘 받은 아이들 인기 폭발의 시대가 오고 있으니 여러분도 자녀에게 밥상머리 교육을 잘 시켜서 누구나 탐내는 인재(!)로 키워내길 바란다.

명품 인성 만드는 식사 예절

1. "잘 먹겠습니다" "잘 먹었습니다"라는 인사는 절대 빼먹지 않는다! 자기 그릇은 자기가 치운다!
2. 밥은 항상 즐겁게, 맛있게, 감사하며 먹는다. 음식에게도 감사하고, 주신 분에게도 감사해야 한다.
3. 소리 내지 말고 먹되, 음식은 남기지 않는다. 내가 남긴 음식이 누군가에겐 절실한 음식이다. 남길 거면 미리미리 덜어먹자!
4. 음식에 대해 투정하지 말고, 편식하지 말고, 깨작거리지 않는다. 복 달아난 다음에 후회하면 늦는다.
5. 침묵은 체하는 지름길, 밥 먹을 때 적당한 대화는 필수다. 밥정 쌓으면서 떠는 수다로 인생이 더 풍요로워진다.

책임, 결국은 내 몫이다

<u>책임감은 기른다고 표현한다. 잘 기르면 어떤 비바람과 폭풍우에도 쓰러지지 않지만 잘못 기르면 산들바람 아니 입김에도 휙 날아가는 깃털이 될 수도 있다.</u>

책임감 없는 아이,
책임감 없는 어른

　세상이 점점 험해진다고, 사람 사는 게 삭막하다고 한다. 크고 작은 청소년들의 사건 사고가 끊이지 않는다. 사고 소식을 접할 때마다 "큰일이다 큰일. 세상이 어떻게 되려고 아이들이 저럴까?" 걱정 반 한숨 반이다.

　한번은 집 근처 중학교에서 일하는 목공소 아저씨의 푸념을 듣게 됐다.

　"하루라도 그냥 넘어가는 날이 없어요. 아이들이 부셔놓은 창문, 문짝, 사물함, 신발장 수리하느라 하루 해가 짧아요."

　예전과 달리, 요즘은 부셔놓고 미안해 하지도 않는 아이들이 너무 많다고 한다.

　그래도 물건 부서지는 건 괜찮다. 아이들끼리 다투다 다칠까 겁이 난다. 친구를 때려놓고, 사과도 뒷감당도 부모가 하는 걸 보면 아이들에게 과연 책임감이 있는 걸까 싶다.

일만 저질러놓고 나 몰라라 하는 아이들. 가슴속 인성이 메말라가고 있으니 책임감도 부족할 수밖에 없다.

책임감이 사라졌다

친한 친구가 한 달에 한 번 꼴로 전화해서 길고 긴 하소연을 한다. 친구는 학원 원장인데, 자기가 학원 원장인지 인력센터 소장인지 모르겠다고 투덜댄다.

"배울 만큼 배운 사람들인데 이해가 안 돼. 사람들 상대하느라 가슴이 까맣게 멍든 것 같아. 월급을 받으면 다음 날부터 말없이 안 나오고, 연락이 없어서 전화하면 번호가 바뀌어 있고, 아프다고 결근했는데 알고 보니 여행 갔더라고. 정말 거짓말도 가지가지야."

애들 가르치는 게 힘든 게 아니라 학원 직원들 관리가 훨씬 힘들다고 한다. 도대체 그 부모는 자식에게 뭘 가르쳤는지 가정교육이 궁금하다며 울먹거린다.

우리 동네 단골 미용실은 원장님이 직원 없이 일하신다. 혼자서 동동거리며 일하는 게 힘들어 보일 때가 많다.

"사람을 쓰지 왜 혼자 고생이세요?"

그랬더니 이러신다.

"사람들 쓰다 쓰다 지쳤어요."

간신히 사람 구해놓으면 시키는 일만 겨우 하고 돈 받으면 바로 안 나오는 사람들이 많다고 한다. 사람 구하고 일 시키는 데 신경이 너무 많이 쓰여서 차라리 몸이 힘들더라도 혼자 하는 게 마음이 편하단다.

동네 슈퍼마켓 사장님도 식당 아줌마도 푸념이 똑같다.

"일이 힘든 게 아니에요. 사람 때문에 힘들어요. 다들 뭔가를 책임지는 걸 너무 싫어하거든요."

결혼 안 하는 젊은 사람들이 점점 많아지고 있다. 세상살이가 팍팍해져서라고 한다. 결혼 비용도 많이 들고, 집 장만하기는 하늘의 별 따기고, 아이들 키우는 건 그야말로 산 넘어 산이라고 겁을 낸다. 결혼은커녕 취직도 힘든 시기에 무슨 결혼이냐고 발끈하기까지 한다.

다 맞는 말이다. 그런데 가만 생각해보면 힘드니까 어떤 것도 책임지기 싫다는 말이기도 하다. 결혼을 하면 책임감이 늘고 아이 뒷바라지에 평생을 바쳐야 한다는 상상만으로도 끔찍하단다. 그냥 맘 편히 나 혼자 적당히 쓰면서 재밌게 살고 싶다고 한다. 시도조차 안 해보고 지레 겁먹고 포기하는 것이다.

20, 30대가 그러는 것도 모자라 얼마 전엔 건너건너 아는 분이 "친구 얘기"라며 해주셨다. 친구 아들이 공부 잘하는 아이들만 가는 좋은 고

등학교에 다니는데, 지방에서 기숙사 생활을 한다.

어느 날 집에 오더니 자신은 "절대 결혼은 안 하겠다"고 하더란다. 고등학생 아들이 벌써 결혼을 안 하겠다고 하니 어이도 없고 황당해서 왜 그러냐고 했더니 대답이 이랬단다.

"제가 공부하느라 얼마나 힘든 줄 아세요? 좋은 대학 가고 좋은 직장 다니려고 이렇게 밤 새워 공부하는데 결혼하면 아내랑 자식들 책임져야 하니까 또 힘들 거 아니에요. 제가 죽도록 고생해서 번 돈으로 가족들만 편히 사는 것도 싫고요. 그냥 혼자 벌어서 제 맘대로 쓰고 나 하고 싶은 대로 하고 살래요. 저 혼자 살 집도 이미 다 설계해놨어요."

그리고 덧붙이더란다.

"저만 이런 생각하는 거 아니에요. 비슷한 생각하는 친구들 많아요."

실화다. 미래에 대한 희망으로 부풀어 있어야 할 10대 청소년이 이런 생각을 하고 있다니 가슴이 답답했다.

행복한 책임감을 찾아라

책임감 하면 보통 어떤 느낌이 드는가? 책임감에 대한 느낌의 '색'과 '양'은 사람마다 조금씩 다를 것이다. 하지만 '무겁다, 힘들다, 두렵다, 잘할 수 있을까……. 도망치고 싶다' 등등 대부분 어두운 느낌들이지 않을까?

지금까지 '책임감'이란 말이 이렇게 무겁고 가슴 답답하게 다가왔다면 이제부터는 우리 모두 '행복한 책임감'을 꿈꿔보기로 하자.

우리 언니 이야기다.

어느 날 언니가 조카들 학원을 몇 달간 과감히 끊었다. 부모님께 안마의자를 사드리고 싶은데 가격 때문에 계속 망설였다고 한다. 자식들 학원비는 매달 꼬박꼬박 쓰면서 연로해가는 부모님께 안마의자 사드리는 건 몇 년을 망설이다니 이건 아니다 싶었단다.

"얘들아, 학원 좀 쉬어라. 할아버지, 할머니께 안마의자 사드리고 엄마도 효도 좀 하자."

조카들한테는 이렇게 말했단다.

언니는 정말 조카들 학원비를 모아 부모님께 안마의자를 선물했다.

그러면 조카들이 학원을 얼마간 안 다녀서 공부가 딸렸을까? 아니다. 생각보다 학원을 쉰 티가 안 나서 놀라웠다. 오히려 조카들은 할머니, 할아버지에게 자신들이 효도한 것처럼 뿌듯해 한다. 물론 부모님은 얼마나 기쁘셨을까!

아이의 부모로서의 책임감, 노인이 된 부모를 돌보는 책임감을 갖고 있는 언니는 이를 균형 있게 풀어가고자 했다. 그리고 언니의 현명하고 과감한 선택은 가족 모두가 행복해지는 좋은 결과를 가져왔다.

나의 책임감은 몇 점일까?

이즈음에서 책임감에 대해 체크해보자.

나의 책임감 테스트

다음의 10가지 질문에 '맞다'고 생각되면 동그라미를 쳐보자. 그리고 동그라미 개수를 세어 결과를 확인하자.

1. 부모라는 게 마냥 즐겁고 행복하다. 내 자식은 끝까지 책임진다! ( )
2. 성인이 된 자식은 부모님에 대한 책임감을 가져야 한다고 생각한다. 자식의 도리이자 의무다. ( )
3. 자신의 이름 석자를 걸고 일하는 걸 좋아한다.(예: 홍길동 식당, 홍길동 학원 등) ( )
4. 부탁을 받으면 가능한 들어주고 해결해준다. 최선을 다해서~! ( )
5. 내게 맡겨진 일은 끝까지 해낸다. 결과도 결국은 내 몫이라고 생각한다. ( )
6. 모임에서 대표를 맡고 있다. (반장, 부반장, 부녀회장, 통장 등을 맡는 게 귀찮지 않다.) ( )
7. 엄마, 아내, 딸, 며느리, 언니, 동생, 친구, 올케, 시누이 등 내게 주어진 역할은 잘 해내려고 애쓴다. ( )
8. 할 일이 있을 때는 잠을 안 자고서라도 마무리한다. 의지로, 깡다구로 버티고 본다. 왜? 내 몫이니까. ( )
9. 일을 남에게 미루지 않는다. 솔선수범한다. 특히 공동 작업할 때, 눈치나 보면서 뒷전에서 빈둥거리지 않는다. ( )
10. 자신의 잘못이 있으면 잘 인정하고 고치려 노력한다. 모르는 척 넘어가면서 슬쩍 다른 사람에게 책임 전가하는 짓 따위는 절대 안 한다. ( )

[테스트 결과]

0개: 책임짱. 무슨 일을 맡겨달라고 해도 맡기기 싫은 사람이다. 감나무 밑에서 입 벌리고 떨어지는 감이나 기다리는 태도로는 이룰 수 있는 게 없다는 사실을 명심하시길!

1~3개: 덥석 믿기에는 뭔가 부족한 사람이다. 믿는 도끼에 발등 찍혔다는 항의를 받다가 자기 발등도 찍힐 수 있으니 조심하시길. 아마 주변에

CCTV가 돌아가고 있을 듯.
- 4~6개: 믿을까 말까 살짝 망설여지는 사람. 복불복 스타일인 당신이 잠수 탈까봐 주변 사람들을 두려움에 떨게 하지 말고, 그들에게 믿음을 심어 주는 노력이 필요하다.
- 7~9개: 웬만하면 당신을 믿고 뭐든 맡기고 싶은 사람이다. 자기 몫을 척척 해내는 당신은, 타인의 일까지도 도움을 주기에 무슨 일이든 같이하고 싶다.
- 10개: 책임왕. 묻지도 따지지도 않고 뭐든 맡기고 싶은 사람이다. 사실 그래서 과한 책임량이 부과될 수 있으니, 가끔은 연약한 척, 못하는 척 연기도 필요하다.

내가 만든 테스트지만, 사실 나조차도 모든 문항에 다 동그라미를 칠 수는 없다. 8번 같은 경우만 해도 그렇다.

젊을 때 나는 까만 밤을 하얗게 새우면서 일을 마무리하곤 했지만, 요즘은 할 일이 산더미처럼 있어도 해만 지면 꾸벅꾸벅 졸기 일쑤다. 그러다 눈 떠보면 아침이다. 예전처럼 잠이 조절이 안 될 때 속상하기도 하고, 화도 나고, 무엇보다 다하지 못한 일에 걱정이 앞선다. 하지만 나보다 더 나이 드신 분들이 맡은 일을 척척해내는 걸 보면서 반성한다.

아이의 책임감, 부모가 가르쳐라

후배 이야기다. 그는 학창 시절 1등을 한 번도 놓친 적이 없는 우등생이었다. '1등 턱'이라고 아는가? 우등생 아들 덕분에 후배 부모님은 주위 사람들한테 밥 사는 게 일상이었다.

후배는 일류 대학에 입학했다. 그리고 우리나라에서 제일 어렵다는 시험공부 중 하나를 시작했는데, 그 공부를 20여 년을 했다. 그러면서 나이가 마흔이 넘었고 그동안 결혼도 하고 아이도 낳았다.

공부만 계속하는 가장을 둔 가족의 생활비는 어떻게 마련했을까? 연로하신 부모님은 본인들 생활비를 쪼개서 아들 가족의 생활비를 계속 지원해주셨다. 늘 1등만 하던 아들이 언젠가 어려운 시험에 합격해서 그 노고를 다 씻어줄 거라는 기대를 절대 포기하지 않고.

책임감 없는 1등

부모님이 알아서 척척 해주는 세월이 40년이 넘어가니 후배는 스스로 돈을 벌거나 처자식을 책임져야 한다는 생각을 못했다. 속 모르는 사람들은 후배 아내를 부러워했다. 시부모가 알아서 생활비를 주니 얼마나 좋냐고.

하지만 아내는 달랐다.

"제 속이 썩는 걸 누가 알겠어요? 경제적으로 자립하지 않은 자식을 부모가 생활비 주면서 결혼시키는 건 절대 하지 말아야 해요."

한번은 아내가 남편에게 "이제 공부를 그만두고 취직하라"고 했는데, 집안에서 난리가 났다. 평생 공부밖에 모르는 아들에게 돈 벌어오라고 했다고 시부모가 노발대발하신 거다. 이런 하소연을 들으니 후배의 아내가 그간 마음고생이 얼마나 심했을지 이해가 됐다.

얼마 뒤 똘똘한 아내가 두 팔 걷어 부치고 생활전선에 뛰어들어 다행히 그 가족은 안정을 찾고 살아가기 시작했다. 우여곡절 끝에 지금은 잘 살고 있지만 가족이 겪은 오랜 마음고생은 어디에서 보상받을 수 있겠는가.

흔히 부모가 아이에게 이런 말을 많이 한다.

"10년만 참고 공부하면 남은 인생 80년이 행복하다."

그런데 책임감 없는 1등 자식은 10년 행복하고 80년 불행할 수도 있다는 걸 알아야 한다.

공부 잘하면 평생 행복할까?

학교 다닐 때 공부 잘하는 건 본인도 좋고 부모님도 행복하고 가르치는 선생님도 흐뭇하다. 그런데 공부만 잘하는 것이 꼭 행복한 게 아닐 수도 있다.

공부를 아주 잘하는 한 아이가 있었다. 지인의 아들이었다.

중학교 때 양자역학에 대해 혼자 공부할 정도? 도대체 양자역학이 뭔지……. 나는 엄청 심오하고 어려운 학문이라는 정도로만 알고 있다.

주변 엄마들은 그 아이를 부러워했다.

"우리 집 애랑 어쩜 이렇게 다를까?"

"저 엄마는 뭘 먹고 저런 아들을 낳았을까?"

"나도 저렇게 똑똑한 자식 한번 키워보면 좋겠다."

그런데 그 엄마의 고민은 따로 있었다. 아이가 공부는 잘하는데 친구가 없단다. 주변 사람들과 어울릴 줄을 모른다는 것.

학교에서도 집에서도 늘 혼자 지내는 시간이 많단다. 학교 친구들이 양자역학을 알까? 엄마나 동생이 물리학을 알까? 집에 와도 방문 닫고 잘 안 나온다고. 그 엄마는 아들이 무슨 생각을 하며 사는지 모르겠다고 항상 걱정이었다.

그런 아들 걱정에 아들이 원하는 건 다 해준 지인 부부. 공무원이던 남편은 자식에게 더 잘해주고 싶다고 직업까지 바꿨다.

자식이 그 부모의 마음을 알까? 똑똑한 아들은 학원을 다니다 그만 두기를 반복했다. 한두 달 단위로 학원을 바꾸니 엄마가 학원을 등록했다 취소했다 학원을 전전했다. 심지어 아들이 집에서 먼 고등학교로 진학하겠다고 해서 우겨서 갔는데 한 달 만에 그만뒀다. 다른 학교로 전학이 쉽지 않아 부모가 고생했다고 한숨을 푹푹 쉬었다.

요구사항이 많은 아들을 보면서 주변에서는 아들이 잘나서 그렇다며 오히려 부럽다고 했지만, 그 부모는 아들 눈치 보느라 너무 힘들게 살았다.

"NO!"라고 말해라

부모는 전부, 특히나 자식 앞에서는 "No"라고 거침없이 말할 줄 알아야 한다. 어떤 일이든 쉽게 그만두는 건 좋지 않다. 시작하기 전에 신중하게 생각하고 결정하게 해야 한다.

"이거 하고 싶어요." "그래? 해."

"그만 할래요." "그래? 그만둬."

이건 좋은 부모의 자세가 아니다.

가끔 애들 적성 알아본다고 이것저것 시켜봤다가 그만두고를 반복하는 부모가 있는데, 그렇게 적성 알아보다가는 세월 다 간다. 신중함과 꾸준함을 길러주는 연습이 중요하다.

앞의 사례에서 두 가정의 아들들에게는 어떤 공통점이 있을까?

첫째, 공부를 잘했다.

둘째, 경제적으로 큰 부족함을 못 느꼈다.

셋째, 부모가 봉이다.

넷째, 책임감이 없다.

그들은 공부 잘하는 것 하나만으로 부모 밑에선 천국처럼 살았다. 하지만 스스로 뭔가를 책임지는 것은 배우지를 못했다. 이런 자식을 둔 부모는 대개 이렇게 말한다.

"자식 때문에 눈 못 감는다."

책임감은 기른다고 표현한다. 잘 기르면 어떤 비바람과 폭풍우에도 쓰러지지 않지만 잘못 기르면 산들바람 아니 입김에도 휙 날아가는 깃털이 될 수도 있다.

여러분의 소중한 자녀에게 책임감을 가르치는 것은 부모의 막중한 책임 중 하나다!

혼자서
해내게 하라

그럼, 아이의 책임감은 어떻게 길러줄까? 정답은 스스로, 혼자 하게 하라는 것.

자녀 뒷바라지에 열성인 부모가 참 많다.

"공부만 해. 엄마가 나머지는 알아서 해줄게."

그러면서 물 떠주고 가방 들어주고, 차로 학교 문 앞까지 데려다주고, 책 읽는다고 옆에서 밥 떠먹여준다. 아이들이 스스로 뭘 해야 할지 생각할 시간을 주지 않고 알아서 발 빠르게 척척 다 해준다.

그렇게 살다 보면 엄마도 지친다. 어느 날 갑자기 화를 내기도 한다.

"넌 혼자서는 뭘 해야 할지도 모르니?"

그런데 돌이켜보면, 자기가 그렇게 키워놓은 것이다!

영재도 바보로 만드는 부모

네 살 무렵 영재로 판정받은 아이가 있다. 그 엄마는 아들이 영재 판정 받았을 때 세상에 부러운 게 없었다.

"아들에게 올인하기로 결심했어. 아들이 대학에 입학할 때까지는."

이후 그 말대로 아들바라기로 살았다. 아들이 손가락 까딱 안 하고 오직 공부만 할 수 있게 뒷바라지를 했다. 그렇게 15년간 가족여행 한 번 못 간 다른 식구들의 희생으로 결국 아들을 명문대에 보냈다.

그런데 아들이 대학생이 되어 문제가 생겼다. 지하철과 버스를 제대로 못 타고 엉뚱한 곳에 내려서 자꾸 엄마한테 전화로 데리러 오라고 하더란다. 대학에서 엠티를 가는데 가방에 책만 잔뜩 집어넣은 아들, 공부 말고는 해본 적이 없는 아들은 혼자서는 제대로 아무것도 못하는 사람으로 성장한 것이다.

"내가 아들의 대학 간판이랑 가족의 행복을 바꿨는데, 영재 아들이 바보가 돼버렸어."

그 후로 그 엄마는 스무 살이 넘은 아들에게 작은 일부터 혼자 하는 습관을 가르치느라 엄청나게 고생했다.

이렇게 의외로 다 큰 자녀가 '결정 장애'인 경우가 많다. 혼자서는 도대체 뭘 결정을 못하는 것이다.

부디 "엄마! 아빠! 헬프 미~" 하는 아이로는 키우지 말자. 아이에게 자기 일은 스스로 하게 하자. 알면 실천하게 한다. 나는 우리 아이들에게 기본적으로 옷 걸기, 책상 정리, 방 청소도 직접 하게 한다.

특히 아이 숙제는 부모가 해주면 안 된다. 심지어 어떤 부모는 티를 안 낸다고 왼손으로 숙제를 대신해주기도 하는데 교사가 보면 다 안다. 또 독후감을 대신 써주거나 봉사활동을 대신하는 부모도 있다. 공부할 시간이 부족하다는 핑계를 대지만, 정말 그렇다면 공부를 덜 시키는 게 맞다.

부모도 두둑한 배짱이 있어야 한다. 자식에게 질질 끌려 다니는 부모는 나중에 죽을 때까지 끌려 다닌다. 그러니 뭘 해야 할 줄 모르는 아이에겐 단호하게 할 일에 대해 말해줘라.

세계적인 바이올리니스트 장영주를 보면 자신의 일은 스스로 하는 일상생활의 평범함이 얼마나 중요한지 알 수 있다. 어린 나이에 세계적으로 이름을 알린 한국이 낳은 세계적인 음악가라 집안일은 손도 안 댈 것 같아 보이지만 실제 장영주의 어머니는 어릴 때부터 침대 정리, 방 청소, 화장실 청소까지 다 시켰다고 한다.

작은 일부터 스스로 책임지는 습관이 세계적인 음악가가 되는 데 밑거름이 된 것이다. 어릴 때부터 자신의 일은 스스로 하는 생활태도는 아무리 강조해도 지나치지 않다.

작은 실패를
즐기게 하라

실패를 두려워하지 않도록 아이를 키워라.

이건 내 초등학교 때 얘기다.

부모님이 급히 외출하시면서 나한테 연탄불을 맡기셨다. 혹시 연탄불을 갈아봤는가? 활활 타는 빨간 연탄을 아래쪽에 두고, 까만 새 연탄을 위로 올려야 불이 옮겨 붙는다. 그런데 난 반대로 놨다. 어떻게 되었을까? 새벽에 부모님이 오셨을 땐 방이 냉골이 됐다. 칭찬받을 기대에 부풀어 있다가 얼마나 실망했는지 모른다.

그 후로 엄마는 아예 주말에 연탄 관리를 내게 맡기셨다. 그다음부턴 잘했냐고? 당연하다. 동네서 소문난 '연갈신'이 됐다. 연탄불 갈기의 신!

실패한 게 속상했던지라 나는 그 많은 연탄구멍을 완벽하게 맞추기 위해 혼자 열심히 연습했었다. 그리고 엄마가 다시 기회를 주셨을 때 잘 해냈다.

아이들은 어릴 적 작은 실패들을 통해 경험하면서 성장한다. 그 경험이 어른이 됐을 때 실패를 하더라도 좌절하지 않고 끝까지 책임지는 원동력이 된다.

아이들 어릴 때 작은 것부터 책임지게 하자. 미리미리 해주고, 아이들의 경험을 뺏는 부모가 되지 말아야 한다.

나는 아이들이 서너 살 때부터 동생 우유를 먹이고 기저귀를 가는 것부터 시켰다. 서너 살짜리가 어떻게 하느냐고? 생각보다 잘한다. 다섯 살이 되면 집 앞 슈퍼에서 간단한 장보기도 시켰다. 사올 물건들을 적어주면 처음엔 잘못 사오기도 했다. 그런데 시간이 좀 지나니 같은 물건이라도 여러 회사 제품을 비교분석하며 사는 능력까지 생겼다. 유통기한도 알아서 살핀다. 아이들 어리다고 무시하면 안 된다. 생각보다 꼼꼼하다.

혹시 아이 실내화를 세탁해주는가? 앞으로는 아이가 스스로 세탁하게 해라. 깨끗하게 세탁할 수 있겠냐고? 처음 하면 당연히 깨끗하지는 않다.

그런데 좀 더러우면 어떤가! 부모가 신을 것도 아닌데! 부모가 이런 배짱을 좀 가져야 한다.

사실, 아이들도 세탁이 잘됐는지 잘 안 됐는지를 잘 안다. 그렇게 자구 하다 보면 점점 깨끗이 세탁할 줄 알게 되는 것이다.

설거지도 시켜라. "나는 우리 애들 손에 물 한 방울 안 묻히고 키웠어요"라고 자랑하는 부모가 있는데, 그건 자랑이 아니다. 설거지한다고 험하게 키우는 건가? 할 줄 알면서 안 하는 것과 할 줄 몰라서 못하는 건 다르다. 무슨 일이든 경험하게 해야 한다.

집은 경험 쌓는 최적의 장소다

내 친구 이야기다. 아들 녀석을 금지옥엽 키웠다. 체구도 작은 내 친구는 자기 덩치 두 배는 되는 아들을 위해 이리 뛰고 저리 뛰고, 자기는 옷 한 벌 못 사 입고 아끼면서 아들을 공부시켰다.

그런데 모범생이던 아들 녀석에게 사춘기가 찾아왔다. 그것도 혹독하게! 그때 친구는 마음고생을 참 많이 했는데, 고통의 시간들을 잘 견뎌냈다. 여러 일을 겪은 사람답게 이야깃거리가 많아졌다.

어느 날 고등학생인 아들 녀석이 주말마다 나가길래 "뭐 하러 다니냐?"고 물었더니 "예식장 주말 설거지 아르바이트를 다녀요" 했단다. 친구는 너무 허탈해 하며 내게 말했다.

"손에 물 한 방울 안 묻히고 키우면 뭐하니? 다 키워놓으니 스스로 구정물에 손 담그고 다니는데. 차라리 집에서 설거지라도 시키고 했으면 덜 억울할 텐데 어처구니가 없다."

그러면서 한마디 덧붙인다.

"집에서 좀 시킬걸. 설거지 못한다고 구박은 안 받나 모르겠다."

이게 부모 마음이다.

뭐든 경험하게 해라. 나중에 설거지하러 다닐 걸 대비해서 시키라는 게 아니다. 분리수거도 시켜라. 처음엔 헷갈려서 시간이 좀 걸린다. 걱정 말고 시켜라. 몇 번만 하다 보면 눈감고도 잘한다.

부모가 할 일은 딱 한 가지다. 뭐든 엉터리로 해라. 아이 앞에서 일부러 동생 기저귀를 거꾸로 갈아보고, 분리수거도 플라스틱을 캔에, 종이를 비닐에 아무데나 막 집어넣어라. 그러면 아이가 막 달려올 것이다. 그리고 부모를 아주 한심하게 쳐다보며 이렇게 외칠 것이다.

"제가 할게요!"

그리고 정말 똑 부러지게 잘 해낼 것이다. 그때 부모는 속으로 웃으면 된다.

"흐흐흐. 작전 성공이군."

물론 겉으로는 깜짝 놀라는 표정과 "정말 잘한다!"는 칭찬을 마구 해주면 된다.

세상에
공짜는 없다

　용돈 관리는 어릴 때부터 시켜야 한다. 세상살이에 돈처럼 요물이 있을까? 살다 보니 돈 때문에 사랑 잃고 가정 파탄 나고 우정 깨지는 일들을 많이 보게 된다.

　경제 교육은 어릴 때부터 시켜야 한다. 미리 경제관념을 잘 잡아놓으면 나중에 커서 돈 문제가 빵 터지는 확률이 낮아진다.

　먼저 아이들과 용돈 협상을 해야 한다. 액수를 정한 후엔 스스로 관리하게 한다. 돈에 대한 책임감을 심어줘야 한다. 그렇다고 쥐꼬리만큼 주고, 줬다 뺐다 해서 아이들의 간장 녹이는 부모가 되면 안 된다. 책임감은커녕 애들 성격 버린다.

　큰딸이 중학교 시절 친구들과 자주 어울렸는데, 내가 보기에 돈을 예전보다 많이 쓰는 듯했다. 친구들 중에 돈을 펑펑 쓰는 아이가 한 명 있었다. 딸이 어느 날 가불 요청을 했고, 나는 두말없이 빌려주고 다음 달 용돈 주는 날 빌려준 돈을 칼같이 받았다.

그걸 꼭 다 받냐고 내심 불만인 아이에겐 한마디 했다.

"세상에 공짜는 없단다. 이자를 안 받는 엄마에게 고맙다고 하렴."

그렇게 몇 달 지나니 애가 거지꼴이 됐다. 여기저기 아쉬운 소리를 하고 다니고 동생들한테 얻어먹기까지 했다.

그러던 딸아이가 어느 날 결심한 듯 말했다.

"엄마, 저 이렇게 안 살래요!"

그 후론 동생들에게 "친구 가려 사귀어라. 쓸데없는 돈 쓰지 마라. 돈 빌려 쓰지 마라"고 말하는 잔소리쟁이가 되었다.

경험이 가장 좋은 학습이다. 용돈 관리로 아이가 자신의 경제 활동에 책임을 지게 해야 한다. 자신의 손에 들어온 돈은 자신의 책임하에 재산이 될 수도 빚이 될 수도 있다는 걸 스스로 배우게 하자. 부잣집 남자한테 시집간 친구들, 처음엔 좋다고 갔는데, 경제 개념 없는 남편 때문에 못살겠다는 경우들 여럿 봤다.

세계 최고 부호인 빌 게이츠와 워렌 버핏이 받은 가정교육을 보면 어릴 적 경제교육이 얼마나 중요한지 알 수 있다. 부유한 빌 게이츠의 부모는 "많은 돈은 아이를 창의적으로 자라지 못하게 한다"는 철학을 갖고 있어, 아들에게 절대로 돈을 넉넉히 주지 않았다. 마이크로소프트사는 빌 게이츠의 자린고비 부모 덕에 탄생했다고 해도 과언이 아니다.

워렌 버핏의 부모 또한 아들이 집안일을 하지 않으면 용돈을 주지 않았다. "많은 유산이 아이에게 일하는 즐거움을 빼앗아 간다"는 신념으로 여섯 살 된 아들에게 20달러를 넣은 통장을 선물한 버핏의 아버지. 그 통장은 70년이 지나 56조로 불어났다. 어릴 적 부모가 가르친 경제교육의 힘은 상상을 초월하기도 한다.

세계 최고의 부자인 동시에 세계 최고의 기부왕인 빌 게이츠와 워렌 버핏. 그들의 부모님이 실천한 경제교육은 시사하는 바가 크다.

자식의 그림자처럼 돈 문제만 터지면 뒷수습하고 다니는 부모가 되지 않으려면 마음 단단히 먹고 어릴 때부터 경제교육을 제대로 시키자.

부모여, 게을러져라

이제 부모님들에게 부탁이 있다. 아이에게만 '이렇게 해라. 저렇게 해라' 하지 말고 부모도 실천할 일이 있다. 어렵지 않다. 정말 쉽다. 이런 걸 '식은 죽 먹기'라고 한다.

부모들이여, 게으른 부모가 되자. 무슨 소리? 말 그대로 좀 게을러지길 바란다.

애들 학교 가면 휴대폰만 뚫어지게 바라보거나, 학교 간 아이에게 전화 오면 총알같이 달려가려고 준비하는 부모들이 있다. 일명, 5분 대기조.

준비물이 없어서 선생님께 좀 혼나면 어떤가? 인생에 치명적인 약점이 될까? 전혀 아니다.

오히려 그런 일을 계기로 아이가 스스로 깨닫는 게 낫다. 그러면 언젠가는 스스로 챙긴다.

나는 아침에 애들이 학교 가기 전에 얘기한다.

"혹시 학교 가서 준비물 때문에 전화하지 말아! 엄마 없다. 있어도 없다. 지금 제대로 확인해~."

어쩌다 준비물이 없으면 빌리든지 만들든지 아이가 스스로 문제를 해결하는 요령도 생긴다.

그리고 아이들이 자기 할 일 안 하고 미루면, 엄마들도 할 일 하지 말고 미루면 된다. 청소, 밥, 빨래 안 하면 아이들 불평이 쏟아진다.

"걱정 마, 너희들도 뭐든 나중에 한다고 하잖아. 엄마도 지금 하기 싫어서 나중에 하려고. 언젠가는 할 거야. 기다려봐."

아침밥은 10시쯤 차리고 저녁은 밤 11시에 주고 빨래 안 해서 빨래통에 있는 것 다시 꺼내 입도록 놔두고 집이 더러워도 청소하지 않는 거다.

엄마가 할 일을 안 하면 집이 어떻게 되는지 직접 체험하게 만들어라. 엄마는 해도 해도 티 안 나는 집안일을 일 년 365일 하는 사람이다. 고맙다는 생각조차 안 하고 사는 아이들에게 느끼게 해야 한다. 그러면 아이들이 조금씩 바뀐다.

물론 엄마도 무턱대고 짜증 부리지 말고 요령껏 해야 한다.

그렇다고 본인이 원래 게으르고 더러운 분들 이걸 핑계로 더 게으름 피우지는 마시길!?

부모여, 배짱을 키워라

부모들이여, 배짱 두둑하게 살자!

또 큰딸 얘기다. 왠지 딸 험담하는 엄마 같지만 과감하게 에피소드를 공개한다.

초등학교 때부터 아이가 아침잠이 많아서 깨우는 데 힘들었다. 나는 신경 써서 시간 맞춰 깨우는데 딸아이가 일어날 때마다 짜증을 냈다.

어느 날 나도 신경질이 났다.

'내가 지각하는 것도 아닌데 왜 이렇게 스트레스를 받지?'

하루는 맘 단단히 먹고 안 깨웠다. 아이는 당연히 지각했다. 선생님께 혼도 좀 나고 창피했는지 훨씬 나아졌다.

그럼 이튿날부터 벌떡벌떡 일어났냐고? 그렇게 하루아침에 바뀌면 아이가 아니다. 그래도 짜증이 많이 줄었고 엄마 눈치를 봤다. 왜? 엄마 기분 나쁘면 또 안 깨워줄까 싶어서.

이럴 땐 담임선생님께 사전에 얘기를 해두면 좋다. 문자로 상황 알려드리면 선생님도 알아서 잘 대처해주신다.

내가 아는 후배는 딸아이 지각하는 버릇을 잡겠다고 며칠 지각을 하게 했는데, 선생님께서 한결같이 "늦었구나. 내일부터는 일찍 와~" 이러셨단다. 가끔 착해도 너무 착한 선생님을 만나면 엄마가 당황할 일이 생길 수 있으니 선생님께 꼭 문자를 드려 사전 합의를 하자!

난 나름 배짱이 두둑한 사람이지만 아찔했던 순간도 있었다. 큰딸이 고등학교 3학년 때, 그것도 중간고사 마지막 날 시험 시작 30분 전에야 담임선생님의 전화를 받고 일어났다. 평소 알람시계 없이도 매일 아침 6시면 벌떡벌떡 일어나던 내가 그날따라 늦잠을 잔 것이다. 나도 그날만큼은 기절할 뻔했다.

대학 가려면 내신이 얼마나 중요한가. 만약 그날 시험을 못 봤으면 성적은 0점 처리됐을 테고 대학 진학에 어려움이 있었을 거다. 당황한 딸은 세수도 못 하고 교복만 갈아입었고 나는 잠옷 차림으로 차를 몰았다.

나는 속으로는 덜덜 떨렸지만 차분하게 웃으며 말했다.

"오늘 시험 못 봤으면 어떻게 됐을까?"

딸아이가 오히려 덤덤하게 대답했다.

"대학 간판을 바꿔야죠. 그래도 수능날이 아니라서 다행이에요."

그러고 무사히 시험을 잘 보고 왔다.

그날 저녁부터 아이들이 달라졌다. 세 녀석 모두 알람시계를 열심히 맞추고 있는 거다. 첫째는 알람을 최대 음량으로 다섯 번씩 울리게 하고, 둘째는 알람을 껴안고 자고, 막내는 알람 소리를 본인이 제일 듣기 싫은 음악으로 찾아 맞췄다.

그 모습을 보고 나는 딱 한마디 했다.

"그래 애들아, 엄마를 너무 믿지 마라."

이튿날 아침 평소처럼 6시 10분쯤 눈을 뜬 나는 깜짝 놀랐다. 큰딸이 벌써 교복을 다 입고 거실에 앉아있어서.

엄마의 실수가 아이들에게 책임감을 키워주기도 한다. 어쩌다 가끔, 회복될 수 있는 실수는 일부러라도 해보길 강력하게 권한다.

작은 희생으로 좋은 습관 만들기

오래전 아이들 어릴 때였다. 둘째 머리띠가 며칠째 방바닥을 굴러다닌 적이 있었다. 선물로 받은 조금 비싼 머리띠였다. 분명히 치우라고 몇 번을 얘기했는데도 사흘째 머리띠가 그대로 있었다. 안 되겠다 싶어 눈 찔끔 감고 버렸다.

그냥 버렸냐고? 아니다. 그냥 버리면 다시 주워올 수도 있으니 마음

먹고 머리띠를 뚝! 부러뜨렸다.

그걸 보고 놀란 아이에게 나는 단호하게 말했다.

"정말 소중한 물건이라면 이렇게 오래 방치하진 않았을 거라 생각한다. 자기에겐 소중한 물건이 다른 사람에겐 쓰레기가 될 수도 있다는 걸 알아라."

그 후로 아이들은 엄마가 뭔가를 조금만 오래~ 쳐다보면 후다닥 움직인다. 엄마가 버릴까봐 알아서 치운다.

가끔 내가 쓰레기봉투를 들고 나타나면, 아이들은 바빠진다. 갑자기 방 정리하고 물건 정리하느라. 재활용쓰레기 버리는 것도 서로 하겠다고 나선다. 엄마가 과감히 버린 물건을 다시 주워오려고…….

가끔은 아이들을 위아래로 째려본다. 그럼 아이들이 한마디 한다.

"엄마! 설마 저를 버리려는 건 아니죠?"

비싸고 아깝다고 물건이 사람보다 더 중요한 건 아니다. 물건 아끼다가 애들 인성 망가지면 어쩔 것인가.

아이들도 그 물건이 비싼 건지 싼 건지 다 안다. 금방 쉽게 살 수 있는 것은 과감히 버려도 콧방귀도 안 뀌니까, 아이들의 바른 인성을 위해서라면 아깝지만 눈 딱 감고 과감해지길 바란다. 똥배가 아니라 배짱을 두둑하게 키우자.

무겁지만
즐거운 책임감을 기르자

아이들 셋을 키우고 있는 나조차도 '잘' 키울 생각을 하면 가끔은 도망치고 싶기도 하다. 그러나 무거운 책임감이 있기에 더 열심히 살 수 있고 그에 따른 즐거움이 더 크다는 걸 해본 사람은 알 것이다. 일어나지 않은 일에 대한 걱정은 당장 던져버리자.

어릴 적 부모가 가르친 책임감은 아이들이 커서도 몸에 딱 붙어 잘 떨어지지 않는다. 그러니 절대 자식들 졸졸 따라다니며 하나부터 열까지 해주지 말자.

부모가 떠받들어 키운 자식이 나중에 부모에게 짐이 되고, 사회에 나오면 있으나 마나 한 사람, 아니 없는 게 나은 사람이 된다. 귀한 내 자식이 아무도 반기지 않는, 어디에도 쓸모없는 사람으로 산다는 것은 부모, 자식 모두에게 너무나 슬픈 일이다.

누구나 반기고 어디서든 필요한 사람으로 키우자. 그게 바로 부모의 진짜 역할이고 책임이다.

책임감 있는 명품 인성 만드는 좋은 습관

1. 혼자서도 척척! 아이를 믿고 맡겨라.
2. 실패를 즐거라. 아이는 작은 실패를 딛고 쑥쑥 큰다. 아이의 경험을 빼앗지 말고, 실패해도 혼내지 않으면 된다.
3. 경제 개념은 어릴 때 심어주자. 스스로 관리해봐야 느끼는 것이다. 아이 앞에서 돈이 너무 있는 척도, 그렇다고 또 너무 없는 척도 하지 말자.
4. 맡은 일은 아무리 사소한 일이라도 끝까지 책임지게 한다. 부모는 아이가 하는 걸 기다릴 줄 알아야 한다.
5. 핑계 대는 건 부끄러운 일이라는 걸 알게 해라. 변명보다는 용기 있게 인정하고 다시 하게 한다.

정직, 내 안에 있다

아이의 거짓말은 어른들께 혼날까봐 걱정하는 두려움에서 시작된다. 아이에게 절대적인 존재인 부모의 사랑을 받지 못할까봐 거짓말을 시작하는 것이다.

정직한 세상을
꿈꾸는 사람들

"이런 양치기 소년 같으니라고!"

거짓말 잘하는 사람에게 많이 쓰는 표현이다. 나도 가끔 듣는다. 그런데 난 '양치기 소녀' 같다는 말을 들으면 기분이 좋아진다. 내 귀에는 오직 '소녀'라는 단어만 들리니까!

두 번의 거짓말로 마을 사람들의 신뢰를 완전히 저버리고 소중한 양 떼들까지 늑대에게 모두 잃은 양치기 소년이 불쌍하다는 사람도 있고, 거짓말은 절대 용서할 수 없다는 사람도 있다.

사람은 누구나 거짓말을 하며 산다. 한 사람이 하루에 평균 200번의 거짓말을 한다는 연구 결과도 있다. '설마 그렇게 많이?' 싶지만 통계인 만큼 어떤 사람은 수십 번을 할 수도 있고, 어떤 사람은 딱 한 번을 할 수도 있다는 얘기다.

물론 스스로를 비교적 정직하다고 생각하는 사람에게는 무척 억울한 통계이긴 하다.

대부분의 부모는 아이에게 거짓말하지 말라고 가르친다. 그런데 막상 살다 보면 정직하게 사는 사람이 손해 보는 세상이기도 하다. 사람에게 상처받았다는 사람도 많고, 너무 혼자만 정직해서 믿었던 사람에게 배신당하기도 한다.

그래도 사람은 누구나 정직한 사람이 되고 싶고, 정직한 사람과 친구가 되고 싶어 한다. 매일 거짓에 둘러싸여 살아가지만 정직이 얼마나 중요한지 잘 알고 있기 때문이다.

작은 거짓이 더 위험하다

'바늘 도둑이 소 도둑 된다'는 속담은 작은 잘못을 바로잡지 않고 그대로 두면 나중에는 돌이킬 수 없는 큰 잘못을 저지르게 된다는 뜻이다. 거짓말도 하다 보면 점점 늘어서 거짓을 거짓으로 덮다가 끝내 돌이킬 수 없는 상황에 이르게 된다. 거짓말이 늘어 허구의 세계를 진실로 믿게 되는, 그래서 상습적인 거짓말과 행동을 일삼는 반사회적 인격장애가 '리플리 증후군'이다.

누군가와 대화를 해보면, 왠지 믿음이 가는 사람이 있고 뭘 해도 믿기 어려운 사람이 있다. 왜 그럴까? 믿음이 가는 사람은 작은 믿음이 쌓인 사람이다. 뭘 해도 믿기 어려운 사람은 그동안 크고 작은 신뢰가 다 무너진 사람이다. 사람들은 자신이 믿는 것에는 무한한 신뢰를 주지만 믿지 못하는 것에는 무한한 불신과 의심을 준다.

기업들은 소비자의 환심을 사고 물건을 팔기 위해 끊임없이 외친다.

"00년 세월, 무한한 신뢰에 정직으로 보답하겠습니다."

"정직으로 일군 시간, 믿음으로 보여드리겠습니다."

"정직한 기업, 정직한 상품."

그만큼 믿음이 없다는 뜻이다.

거짓말이 넘치는 세상에서 사람들은 정직한 모든 것들에 대한 환상이 있다. 정직한 사람, 정직한 기업, 정직한 정부, 정직한 기관……. 정직은 거창한 곳에 있지 않은데, 먼 곳에서만 찾는다.

'거짓말 안 하는 사람이 어디 있어? 대충 살다 큰일 할 때 정직하면 되지'라는 생각은 위험하다. 작은 거짓말의 뿌리를 뽑아야 정직이라는 씨앗이 자란다.

나의 정직성은 몇 점일까?

바른 인성을 이루는 여러 가지 요소들 중, 빼놓을 수 없는 '정직'에 대해 본격적으로 다루기 전에 테스트를 먼저 해보자.

나의 정직성 테스트

다음의 10가지 질문에 '맞다'고 생각되면 동그라미를 쳐보자. 그리고 동그라미 개수를 세어 결과를 확인하자.

1. 지나치게 솔직하다는 얘기를 많이 듣는다. ( )
2. 주운 물건이나 돈의 주인을 찾아주려고 노력한다. ( )
3. 사람을 아무나 쉽게, 잘 믿는다. ( )
4. 내 안에 비밀이 많지 않다. ( )
5. 거짓말을 할 때는 얼굴이 붉어지거나 어색해서 바로 티가 난다. ( )
6. 커닝(부정행위)을 해본 적이 절대 없다. ( )
7. 자신의 잘못을 알았을 때, 인정하고 바로 사과하고 용서를 구한다. ( )
8. 남은 모르는 나만 아는 양심에도 늘 당당하다. ( )
9. 자신의 잘못에 대해 먼저 말할 수 있는 용기가 있다. ( )
10. 세상에는 정직한 사람이 훨씬 많다고 생각한다. ( )

[테스트 결과]

0개: 당신은 양치기 소년, 양치기 소녀, 양치기 아저씨, 양치기 아줌마다. 그렇게 양치기가 되고 싶다면 직접 양을 키우시길 바란다.

1~3개: 남들이 믿어주는 것 같지만, 절대 당신을 믿지 않는다. 아마 항상 의심하고 있을 것이다. 상대방이 "진짜?" "정말?" "믿어도 돼?"를 끊임없이 당신 앞에서 말한다면, 반성하지.

4~6개: 웬만하면 믿어본다. 사람이 50퍼센트 믿으면 다 믿는 거란다. 그 믿

음을 저버리면 아니됩니다. 다른 사람이 자꾸 확인하려고 들면, 반성해 보자.

7~9개: 눈빛만 봐도 당신은 믿음이 간다. 너무 정직해서 손해 볼 일도 많다.

10개: 정직왕. 당신은 팥으로 메주를 쑨다고 말해도 믿을 수 있는 사람이다. 당신의 언행은 곧, 믿음과 정직이다. 다만 좀 고리타분하거나, 지루할 수 있으니 유머감각만 키우면 으뜸이다.

아이는 왜
거짓말을 할까

부모부터 정직해야 한다.

"요즘 아이들은 큰일이야."

"애들 인성이 엉망이야."

말만 하지 말고 부모가 가정에서 아이들 잘 가르치고 이끌어주면 아이들 인성은 반듯하게 자란다.

아이의 거짓말은 언제 시작될까? 갓난아기가 거짓말로 배고프다고 울까? 거짓말로 졸립다고 투정 부릴까?

아이의 거짓말은 어른들께 혼날까봐 걱정하는 두려움에서 시작된다. 아이에게 절대적인 존재인 부모의 사랑을 받지 못할까봐 거짓말을 시작하는 것이다.

첫 번째 거짓말

여러분의 아이가 처음 거짓말을 했던 때를 기억하는가?

큰딸이 초등학교 2학년 때였다. 첫애 키우는 엄마답게(!) 나는 아이가 똘똘하다고 생각하고 어려운 수학 문제집을 사줬다. 대부분 기본이나 원리 문제를 풀고 응용단계를 푼 후 최상위 문제를 접하고, 그다음에 경시대회 문제집을 푸는 게 일반적이다.

그런데 아이에게 "시간낭비하게 무슨 기본, 원리를 풀어? 넌 바로 경시대회 문제집을 풀 수 있을 거야"라며 경시대회 문제집을 주고 풀게 했다. 30문제를 풀라고 시간을 준 후 채점을 하는데 1번부터 29번까지 다 맞았다. 30번 문제만 오답이었는데 그것도 답이 20인데 21이라고 썼다. 처음엔 '역시 내 딸은 똑똑해'라고 생각했다. 그런데 가만히 보니 뭔가 이상했다.

문제집에 계산을 한 흔적이 전혀 없었다. 어려운 수학문제인데도 답이 척척 나왔다는 게 수상했다. 그때 책꽂이 위에 답안지가 보였다.

아이가 답안지를 베낀 거였다. 엄마가 "넌 잘할 거야, 잘할 거야." 하니 엄마를 실망시키고 싶지 않았던 거다.

잠시 생각을 해본 다음, 난 이렇게 말했다.

"잘 풀었네? 그런데 어려운 문제를 어떻게 풀었는지 엄마가 보고 싶은데 엄마 앞에서 다시 풀어볼 수 있겠니?"

갑자기 아이 얼굴이 굳어지고 빨개졌다. 한참을 망설이던 아이가 풀죽은 목소리로 대답했다.

"엄마 죄송해요. 답안지 베꼈어요."

아이의 말에, 내가 부끄러웠다. 아이가 답안지를 베끼게 한 내 자신에게 화가 났다.

기대하는 엄마에게 잘 보이고 싶고, 어려운 문제를 척척 푸는 모습을 보여주고 싶었던 거다. 어린 아이가 답을 베낄 생각을 했다는 게 엄마의 부족함을 보여준 것 같아 내가 오히려 민망했다.

나는 즉시 아이에게 사과를 했다.

"수준에 맞는 문제집을 사줬어야 했는데 엄마 마음대로 너에게 너무 어려운 문제를 풀라고 강요해서 미안하다. 그리고 엄마가 답안지 관리를 잘 못했네. 미안해."

"저도 답안지 베껴서 죄송해요."

"그래, 답안지 베끼는 일은 이번이 처음이자 마지막이어야 한다. 모르면 배우면 되는 거야. 거짓말은 하지 말자."

그 후로 딸은 답안지를 베끼거나 모르는 걸 안다고 한 적이 없다.

부모의 욕심이 아이를 병들게 한다

학교 다닐 때 아이의 거짓말은 점점 심해질 수 있다. 특히 성적에 관한 일들이 많다. 혹시 여러분은 어린 시절 성적표를 조작했던 기억이 있는가?

옛날이나 지금이나 성적표 조작은 꾸준히 계속되고 있다. 성적표를 고치는 이유가 있다. 부모에게 잘 보이고 싶어서, 혼나기 싫어서다. 사랑받고 싶고 인정받고 싶어서다.

"100점 맞으면 휴대폰 사줄게."

"올백 맞으면 강아지 사줄게."

"공부 잘하면 뭐든 해줄게."

어떤 부모는 아이가 공부만 잘하면 집을 팔아서라도 뒷바라지를 하겠다고 아우성이다. 이 같은 부모의 성과급 사랑에 아이들이 정직성을 잃어가는 것이다.

시험문제 한 개만 틀려도 집에 가기 싫다고 우는 초등학교 2학년 아이, 시험 못 본 날은 밥도 굶어야 한다는 중학교 1학년 아이, 시험 망쳤다고 엄마에게 팔이 시퍼렇게 멍이 들도록 꼬집힌 중학교 2학년 아이, 부모님이 성적표를 보면 자신을 버릴 거라는 생각에 성적표를 조작한 고등학생, 입학하지도 못한 명문대학을 다닌 척 졸업장까지 위조한 청년, 명문대 입학허가증까지 위조해 최고의 우등생으로 신문에 등장한 아이…….

뉴스에 등장했던 이런 사례들은 부모의 사랑과 주위의 관심을 받고 싶은 마음에서 비롯된 행동이다.

성과에 따라 사랑을 주고 선물을 쏟아붓는 부모. 기대에 미치지 못하면 그에 따르는 벌을 주는 부모. 어른들의 왜곡된 행동이 아이들을 멍들게 하고 있다.

누구든 사회에 나가면 회사 다니는 동안 성과급 보너스에 많은 스트레스를 받는다. 그런 스트레스를 어릴 때부터 부모에게 받고 자라는 아이들이 안쓰럽다.

보상에 따른 공부나 행동은 절대 그 효과가 오래가지 않는다. 보상을 받기 위해 일시적인 노력을 기울일 수는 있지만, 그 보상은 계속 반복되어야 하고 그 보상의 강도 또한 더 커져야 효과가 나타나기 때문이다. 물질적인 보상은 일시적인 효과는 가져올 수 있지만 절대 지속적인 변화를 가져올 수는 없다.

아이 스스로 하고 싶은 마음이 들게 하는 것, 어떤 행동을 할 때 내적 동기를 끌어내는 것이 가장 바람직하다. 그리고 그 내적 동기를 끌어낼 수 있는 사람이 바로 아이를 키우는 부모다.

믿는 도끼에
발등 찍히지 말라

아이가 거짓말을 했을 때 빨리 알아채는 것도 부모의 중요한 역할이다. 늘 아이에게 관심을 갖고 있으면 아이의 거짓말이 부모 눈에 보인다.

거짓말을 했을 때 왜 그랬는지 서로 얘기 나누고 해결 방안을 찾으면 오히려 훨씬 좋은 결과를 가져오기도 한다. 부모가 '그럴 수도 있지' '우리 애는 거짓말을 할 리가 없어'라며 넘어가는 게 가장 큰 문제다.

막내가 초등학교 3학년 때였다. 학교를 갔다 온 아이 볼이 빨갛게 부어있었다.

"무슨 일 있었니?"

볼을 살펴보니 한쪽 볼에 선명한 손톱자국들이 찍혀 있었다. 그냥 스친 게 아니라 누가 볼을 고의로 힘을 줘서 할퀸 자국이었다. 일단 응급조치를 하고 자초지종을 물으니 앞자리에 앉은 친구가 그렇게 했다고 했다.

수업 시간에 조발표가 있었는데, 발표자를 뽑는 과정에서 앞자리에 앉은 친구가 아들의 얼굴을 손톱으로 할퀸 거였다. 당황한 아들이 얼굴을 감싸고 있자, 친구는 아무렇지도 않게 손을 들고 발표를 했다고 했다. 발표자를 뽑느라 소란스러운 분위기에 선생님도 이런 일이 벌어진 것을 모르셨다.

아들은 내가 세세히 물어보자 억울했는지 그제야 눈물을 보였다. 세 아이를 키우면서 아이들끼리 투닥거린 일로 일일이 대응하지 않고 무던히 넘겨왔었지만, 이번에는 보통 일이 아니라는 생각에 일단 선생님께 전화로 상황을 알리고 상대 아이도 상처를 입었는지 확인을 부탁드렸다. 같은 반 친구끼리 잘못한 게 있으면 서로 사과하고 그런 일이 다시 생기지 않도록 하는 게 중요하다고 생각했다.

그런데 놀랐던 건 전화를 걸어온 상대 아이의 엄마 반응이었다.

"우리 아이가 그럴 리가 없어요. 지금까지 살면서 단 한 번도 말썽을 피워본 적이 없는 아이에요. 잘못 아셨을 거예요. 우리 아이가 그러는데 자기는 절대로 친구 얼굴을 할퀸 적이 없고 아마 짝꿍이 그랬을 거라고 하네요. 얼마나 억울한지 제 아이가 '엄마, 저 못 믿어요?' 하네요."

이튿날 선생님께서 전화를 하셨다. 그 아이 엄마가 학교에 다녀갔는데 아이가 엄마에게 자신이 할퀸 게 아니라고 하니 선생님께서 해결해

달라고 부탁하셨다고 한다.

며칠이 지나 연락을 받았다. 선생님께서 며칠을 달래고 꾸짖고 설득해서 대답을 들었다고 하셨다. 아이가 아빠에 대한 두려움이 너무 크다며, 친구 때린 거 알면 아빠가 자기를 죽일지도 모른다고 했단다. 그 아이는 똑똑하고 리더십이 넘친다는 말을 많이 들었었다. 선생님께서도 마음이 아프다며 전화를 끊었다.

거짓말한 게 그 아이의 잘못이라고만 몰아붙이기엔 마음이 아픈 일이었다. 그 아이는 다만 부모에게 사랑받고 싶었고, 자기의 실수로 부모의 사랑이 줄어들까 걱정했던 거였다. 또한 그 아이의 아버지가 아들의 잘못을 알았다 해도 아이의 상상처럼 큰일이 벌어지지 않았을 수도 있었을 것이다.

우리 애는 거짓말을 못해요?

집 밖에서 어떤 잘못도 실수도 해서는 안 되는 아이. 부모가 무서워 거짓말을 하는 아이. 그리고 그 자식을 철석같이 믿는 부모. 무엇이 문제일까?

우리는 어떤 부모가 되어야 할까? 아이의 잘못을 최대한 덮어주고 숨겨주는 부모가 좋은 부모일까? 어렵지만 잘못된 건 바로잡고 고쳐가도록 이끌어주는 부모가 좋은 부모일까?

여러분 모두 답은 알고 계실 거라 믿는다. 물론 덮어주고 숨겨주는 게 훨씬 쉽다. 그냥 모르는 척하면 된다. 잘못된 걸 바로잡는다는 건 부모가 바른 길을 알고 있다는 것과 같다. 바른 길을 알면서도 귀찮아서 혹은 아이와 부딪히는 게 싫어서 아니면 자식에 대한 눈먼 사랑 때문에 무조건 팔을 안으로 구부린다면 결과는 하나다.

부모가 자식을 바라보는 객관적인 시각이 절대적으로 필요한 시대다. 좋은 부모는 그냥 되는 게 아니다. 아이에게 옳은 것과 옳지 않은 것, 정직과 거짓, 해야 할 것과 하지 말아야 할 것을 가르치는 게 바로 부모의 몫이다.

참 괜찮은 아이 뒤엔 참 괜찮은 부모가 있다. 그리고 참 괜찮은 부모 뒤에는 참 괜찮은 아이가 있다.

거짓말
가르치는 부모

　부모가 앞장서서 정직한 행동을 해야 아이들이 보고 배울 텐데 부모라고 늘 정직하게 살 수는 없다. 옛날 어려운 시절 부모님들은 아이들과 버스 탈 때 아이들 나이를 많이 속였다. 버스비 아끼려고 초등학생을 유치원생이라 하고 중학생을 초등학생이라 하고.

　나도 아이들 셋과 뷔페를 갈 때 아이들 나이 속이는 일을 종종 했었다. 막내가 초등학교 입학 한 후에도 유치원생이라고 하고, 둘째가 중학생일 때는 초등학생이라 했다. 들어갈 땐 잠시 망설였지만 다 먹고 계산할 땐 마음이 뿌듯했다. 몇 천 원에 양심을 팔았다고 할까? 그러나 그땐 내가 뭘 잘못하고 있는지 잘 몰랐다.

　어느 날 아이들 생일에 뷔페를 가기로 했는데 외출하기 전에 초등학생이었던 막내가 이러는 거다.

"엄마, 저 몇 살이냐고 물어보면 유치원 다닌다고 하면 되죠? 그럼 싸게 먹을 수 있잖아요."

가슴이 쿵!

아이들에게 입으로는 늘 정직하게 살아야 한다고 말하면서 정작 자식에게 거짓말을 가르치는 엄마로 살고 있었다. 얼마나 부끄러웠는지 아이들에게 엄마가 정직하지 못한 행동을 했다고 사과하고 차라리 뷔페를 안 가고 말지 다시는 그런 거짓말은 하지 말자고 했다.

또 이런 일도 있었다. 몇 년 전 동남아로 가족여행을 다녀왔다. 오랫동안 적금을 부어 맘먹고 가는 여행인데 막상 가려니 시부모님께 말을 해야 할지 말아야 할지 망설여졌다.

며칠 고민한 끝에 말없이 여행을 다녀왔다. 여행하는 동안 마음 한편이 불편하고 계속 걱정이 돼서 아이들 셋에게 신신당부했다.

"이번 여행은 할아버지, 할머니께는 비밀이다. 절대로 말하지 말아라. 두 분이 아시면 많이 섭섭하실 테니 엄마랑 약속한 거 꼭 지켜주렴."

아이들이 눈을 동그랗게 뜨고 끄덕거리는 걸 보고 나는 안심을 했다.

그리고 몇 주 후 시댁을 방문했다. 온 식구가 거실에서 도란도란 얘기를 나누는데 어머님이 "애들아, 주말에는 뭐하고 놀았니?"라며 평소에 자주 하던 질문을 하셨다.

그때 갑자기 둘째가 소리를 꽥 질렀다.

"할머니! 엄마가 할머니한테 아무 말도 하지 말랬어요!!!"

이후의 분위기는 여러분의 상상에 맡기겠다.

당시는 둘째에 대한 분노가 머리끝까지 치솟았다. 공든 탑이 무너진다고 한순간에 거짓말쟁이 며느리가 된 심정을 누가 알까? 그러나 마음을 가다듬고 속으로 '내 탓이오 내 탓이오'를 외쳤다.

둘째는 할머니께 여행 다녀온 얘기를 하지 말아야 한다는 강박에 시달리고 있었던 거다. 얼마나 큰 스트레스였을까. 미안했다.

거짓말을 시킨 내가 잘못이란 생각에 그 후로는 아이들에게 거짓말을 절대 강요하지 않는다. 뭔가 민망한 상황이 벌어지더라도 거짓말보다는 낫지 않은가.

그래도 아이들에게 한 가지 부탁은 했다.

"애들아, 거짓말은 절대 안 해야지. 그런데…… 제발 눈치는 좀 있어야 한다."

돈 앞에서
한없이 작아지는 정직

가끔 텔레비전에 기사가 나온다.

"길에서 돈 가방을 주워 가방의 주인을 찾아준 청년에게 착한 시민상을 수여했습니다."

"택시에 두고 내린 현금 뭉치를 기사가 주인에게 돌려드렸습니다."

사람들은 이런 기사를 보면 대부분 감탄한다.

"정말 너무 착한 사람이다."

"상 받을 만하네."

그리고 이런 생각을 한다. "나라면 주인을 찾아줬을까?"

여러분은 어떤가? 길에서 현금을 주운 적이 있나? 주웠다면 돈의 주인을 찾아준 적이 있나? 어쩌다 주운 돈의 주인을 찾아준 사람이 상까지 받게 되었을까?

나는 초등학교 다닐 때 학교 운동장 구석, 철봉 아래서 우연히 동전을 주웠던 적이 있다. 당시에 아이들이 학교 끝나면 운동장에서 철봉에서 매달리기를 자주 했었는데 누군가가 철봉에 거꾸로 매달리다 주머니 속의 동전을 떨어뜨린 것이다.

주인을 찾아줬을까? 아니다. 오히려 한동안 학교 끝난 후 꼭 철봉 아래를 둘러보는 게 내 일과였다.

공짜 돈은 초등학생에게도 유혹이었다. 당시 주운 50원으로 학교 앞에서 뽑기를 다섯 번 할 수 있었다. 그것도 엄마에게 말하지 않고. 나는 그 유혹을 뿌리치지 못했었다.

그리고 살면서 천 원짜리를 주운 적이 몇 번 있다. 적은 액수라 주인을 찾아줄 생각도 안 했지만, 언제부턴가는 내가 돈을 잃어버려도 찾을 생각조차 안 하고 있었다.

지갑을 통째로 잃어버렸을 때도 찾을 수 있을 거란 생각 대신, 주운 사람이 신분증이나 보내주면 좋겠다는 생각을 했다. 그런데 신분증을 돌려받기는커녕 카드 분실신고를 하기까지의 짧은 시간 동안, 누군가 내 카드로 전자제품을 샀을 때의 당황함과 배신감이란…….

반대로 좋았던 기억도 있다.

딸아이가 버스에서 지갑을 잃어버리고 울상을 짓고 왔을 때였다. 주변 사람들의 반응은 한결같았다.

"에이, 못 찾아! 포기해."

"돈은 당연히 없을 테고 학생증이라도 찾으면 다행이지."

"그래, 세상이 그렇지. 잃어버린 사람이 잘못이지 누굴 탓하겠니?"

아이를 꾸짖었다.

그렇게 포기하고 있는데 아이 학교에서 전화가 왔다. 아이가 탔던 버스회사에서 지갑 속 아이 학생증을 보고 연락을 해왔다고.

가슴이 뭉클했다. 이런 일도 있구나. 아이와 함께 버스를 타고 종점까지 계획에 없던 버스 여행을 했다.

버스회사로 가면서 나는 아이에게 얘기했다.

"돈은 기대하지 말자. 선물받은 지갑과 신분증 찾은 걸로 만족하자."

버스회사의 분실물 센터로 가서 지갑을 찾았다. 그리고 지갑을 열어본 순간 아이가 깜짝 놀랐다.

"엄마, 돈이 그대로 있어요. 동전도 그대로고요."

감사인사를 하고 집으로 가는 길에 기분이 얼마나 좋던지.

"엄마, 세상엔 좋은 사람이 많네요? 저도 물건이든 지갑이든 앞으로 주우면 꼭 주인을 찾아줘야겠어요. 찾고 나니 이렇게 기분이 좋은데 잃어버린 사람들은 얼마나 속상하겠어요."

그날 딸은 좋은 인생 공부를 했다.

삶의 비타민, 하얀 거짓말

정직, 정직을 강조하다 보면 절대 거짓말을 하면 안 된다고 생각하는 분들이 있다. 아니다. 약간의 하얀 거짓말은 필수다. 인생의 윤활유다.

집에서 아이에게 "넌 정말 특별해" "정말 예뻐" "정말 귀엽다" "날씬한데?"라고 말할 수 있다. 물론 객관적으로 평범하고 딱히 예쁘지도 않고 귀염성도 없고 통통한 아이다. 그렇지만 가족끼리 서로에게 즐겁고 행복감을 주는 말은 얼마든지 해도 괜찮다.

아이도 조금만 크면 다 안다. 부모가 아무리 "넌 예뻐" "그 정도면 날씬한 거야"라고 말해도 자기 부모 눈에만 그렇게 보인다는 걸. 그래도 기분 좋게 생각한다. 그러니 거짓말이라 생각지 말고 마음 편히 아이에게 칭찬해도 된다.

엄마는 어떤가? 우리 아이들은 내게 "엄마가 세상에서 제일 예뻐요"

라고 한다. 물론 거짓말인 건 서로 알지만 기분 좋은 건 어쩔 수 없다. 두 딸들은 이제 커서 엄마를 골리기까지 하지만, 아직 막내인 아들은 엄마가 최고인 줄 안다.

언젠가 아이의 교과서를 보니 사람의 얼굴형과 얼굴형에 어울리는 옷차림에 대한 내용이 있었다.

나는 아들한테 물어봤다.

"아들아, 엄마 얼굴형은 무슨 형이야?"

"당연히 달걀형이죠."

한 치의 망설임 없이 대답하는 아들 녀석.

정말 눈물이 왈칵 쏟아질 뻔했다. 각진 턱 때문에 늘 콤플렉스가 있었는데, 달걀형으로 봐준 아들이 얼마나 예쁘던지……. 그때의 감동은 잊을 수가 없다.

그러자 옆에 있던 딸들이 소리를 지르며 "말도 안 돼. 넌 거짓말쟁이야. 엄마 얼굴은 식빵형이야!"라고 해서 나의 분노를 폭발시켰지만!

그 후로도 아들은 늘 "달걀형인 엄마는 뭘 입어도 예쁘세요"라고 기분 좋은 말을 해준다.

그럼 나도 화답을 한다.

"넌 이 세상에서 제일 잘생겼어."

닭살 돋나요? 머리카락이 쭈뼛? 닭살 가족은 언제나 바람직하다.

가족끼리의 이런 하얀 거짓말은 삶의 활력이 된다. 오늘부터 매일 가족에게 어떤 하얀 거짓말을 해볼까? 궁리해보고 실천하자.

가족뿐 아니라 주위 사람에게도 해야 할 하얀 거짓말들이 꽤 있다. 특히 힘든 일을 겪은 사람에게 위로는 필수다.

"앞으로는 다 잘될 거야."

"괜찮아, 좋아질 거야."

"좋은 일이 생길 거야."

꼭 좋아진다는 보장은 없지만 그래도 긍정의 말을 해줘야 한다. 힘든 사람 앞에서 자신의 정직을 자랑하는 사람이 있을까?

"그래, 앞으로는 더 힘들어질 거야."

"잘될 일이라곤 하나도 없겠다."

"각오해. 나쁜 일은 항상 같이 온대."

이렇게 말하는 사람은 없을 거라 믿는다.

나이 들어가는 걸 서글퍼하는 어른께도 하얀 거짓말이 좋은 약이다.

"점점 젊어지시는데요?"

"저도 이렇게 나이 들고 싶어요."

"너무 고우세요."

아픈 사람에게도 힘을 주는 게 하얀 거짓말이다.

"나을 거야."

"힘내, 꼭 이겨낼 거야."

특히 할머니, 할아버지께 손자와 손녀가 하는 말들, "100살까지 사세요" "할아버지랑 결혼할래요" "할머니가 세상에서 제일 좋아요" 등은 거짓말인 줄 알지만 기분을 좋게 만드는 만병통치약이다.

너무 오버하는(!) 영혼 없는 하얀 거짓말은 조심해야 하지만, 진심을 담은 하얀 거짓말은 약이 된다.

혼자 있을 때
정직해야 진짜다

정직하다면 혼자 있을 때나 여럿이 있을 때 행동에 일관성이 있어야 하지만 그렇지 않은 경우가 많다. 여럿이 보는 앞에서는 정직하게 행동하던 사람도 혼자 있을 때 달라지기도 한다.

'아무도 모르는데 뭘.'

'누가 본 것도 아니잖아. 들키지만 않으면 되지.'

공중 화장실 휴지가 언제부터 벽에 부착되기 시작했을까? 두루마리 화장지를 놓아두면 통째로 가져가 버리는 경우가 많아서 도난 방지책으로 그렇게 개선됐다고 한다.

길거리를 보자. 낮에는 안 보이던 쓰레기가 밤을 지나 아침이면 가득 쌓여 있고 외진 골목길 전봇대 주변은 대개 지저분하다. 목욕탕에 가면 치약도 드라이기도 머리빗도 묶여 있고, 은행과 관공서의 필기구도 묶여 있다. 우체국 가서 소포 포장하는 곳은 어떤가. 가위도, 테이프도 묶여 있다.

후배가 유명 개그맨이 운영하는 카페에 놀러갔는데, 티스푼이 예뻐서 "어머 예쁘네요" 했더니 "가져가지마!!! 내가 사줄게" 그러셨단다.

카페에서 제일 많이 없어지는 물건이 티스푼이라고 한다. 주머니에 쏙 들어갈 만한 작은 크기의 티스푼. 예쁘다고 남의 물건에 손을 대는 사람들이 의외로 너무 많다고 한다.

정직은 언제나 옳다

얼마 전 나들이 겸 집 근처 대학교를 갔다가 당황한 일이 있었다. 화장실을 가고 싶은데 출입증이 없으면 아예 건물에 못 들어가게 기계를 설치해놨다. 한참을 기다렸다 나오는 학생에게 사정 얘기를 하고 화장실을 사용했다.

기계화된 세상이 편리하다고 하지만 도대체 이런 모든 것들은 어디서부터 시작되었을까? 아무도 믿지 못하는 세상이 된 듯하다. 불신이 불신을 낳아서 기계에 입력되고 기계가 증명한 것들만 믿는 세상이 되었다.

오죽하면 쓰레기 무단투기가 많은 곳에 〈CCTV 설치〉라고만 적어놔도 쓰레기를 덜 버릴까? 무슨 사고만 터지면 제일 먼저 하는 일이

CCTV 확인이고, 믿을 건 CCTV뿐이라는 말이 마음을 더 아프게 한다.

앞으로 이런 프로그램들이 방송될 것 같다. 〈궁금한 건 CCTV에게 물어보세요!〉 〈CCTV는 당신이 한 일을 모두 알고 있다.〉

거짓말의 유혹에 굴복하는 것은 쉽다. 그러나 정직하게 사는 건 쉽지 않다. 용기가 필요하기 때문이다. 거짓말을 하며 불안과 불신 속에 살 것인지 정직하게 살면서 믿음과 신뢰 속에 살 것인지는 자신에게 달려 있다.

정직성은 어릴 적 누구에게 어떻게 배웠느냐가 좌우한다. 다 큰 어른에게 '정직해라. 정직해라' 하는 건 다 자란 수박에게 '더 커져라. 더 커져라' 하는 것과 같다. 그러므로 아이를 키우는 부모는 "왜 정직해야 하는지?" "왜 거짓말이 나쁜지?"를 끊임없이 가르쳐야 한다.

내 자식이 귀하고 예쁘다고 옳고 그름을 가르치지 않는 건 부모의 권리와 의무를 포기하는 것과 같다. 어떤 일이 있어도 옳고 그름을, 해야 할 일과 하지 말아야 할 일을 구분하는 능력을 가르치기를 바란다.

그러려면 부모도 늘 공부하는 자세로 살아야 한다. 부모가 엉뚱한 걸 가르치는 건 가르치지 않는 것보다 못하니까.

사실 정직하게 살면 피곤하기도 하다. 손해 보는 일도 많이 생기고 나의 정직함을 이용하는 사람들도 생긴다. 더구나 거짓말을 잘하는 사람들이 너무 잘 사는 세상이다.

그럼에도 불구하고 우리가 정직하게 살아야 하는 이유는 뭘까? 스스로에 대한 예의, 더불어 사는 사회를 지탱하는 힘, 믿음과 신뢰라는 든든한 열매를 맺기 위해서다.

자존감이 높은 사람들의 행복감이 가장 높다고 한다. 자존감을 높이는 가장 좋은 방법은 스스로 참 좋은 사람이 되는 것이다. 참 좋은 사람이 되는 길은 사람이 살아가는데 필요한 예의와 기본을 지키고 바른 인성을 키워 나가는 것이다.

그 바른 인성을 이루는 핵심 요소 가운데 하나인 정직함, 절대로 포기하지 말자!

정직한 명품 인성을 만드는 좋은 습관

1. 부모의 정직한 모습을 보여준다.
   아이와 한 약속은 지켜라. 못 지킬 약속이면, 아예 하지 말라.
2. 아이에게 어떤 작은 거짓말도 시키지 않는다.
   부모에 대한 신뢰와 믿음이 무너짐과 동시에, 보고 배운다.
3. 정직한 모습엔 칭찬이 먼저다.
4. 거짓말을 했을 때 스스로 잘못에 대해 말할 기회를 준다.
   발 빠른 응징이 때론 거짓말을 더 부추긴다.
5. 부모의 빠른 눈치, 코치, 센스가 필요하다.
   아이를 잘 관찰하고 집중하자.

8장
부모는 연극배우다

사랑받고 자란 아이는 사랑스러울 수밖에 없다. 엄마의 예쁜 말을 듣고 자란 아이가 밖에서 거친 말을 쏟아내는 일은 없다. 사춘기가 와서 한동안 방황하고 거칠게 굴더라도 언젠가는 반드시 돌아온다. 바른 인성이 이미 마음 깊이 뿌리 내리고 있기 때문이다.

부모,
가정이란 무대의 배우

어릴 적 배우가 꿈이었던 분이 있는지? 빼어난 미모가 아니더라도 어릴 적 '내가 배우가 된다면 어떨까?' 상상했던 경험이 한번쯤 있을 것이다.

나는 초등학교 때 미국 배우 브룩 쉴즈가 나오는 영화 〈끝없는 사랑〉을 보면서 처음으로 여배우가 멋지다는 생각을 했었다. 〈바람과 함께 사라지다〉의 비비안 리, 〈티파니에서 아침을〉의 오드리 헵번, 〈자이언트〉의 엘리자베스 테일러 등 아름다운 여배우들의 모습을 보면서 혼자서 몰래 그들의 눈빛과 손짓을 따라했던 적도 있다. 우습지만 따라하다 보면 어느새 배우가 된 기분이 들었다.

그런 진짜 배우까지는 아니어도 누구나 배우가 될 수 있다. 아니, 꼭 배우가 되어야 한다. 아이를 위해서 그리고 가족을 위해서.

지금부터 아이에게 바른 인성을 좀 더 골고루 흡수시키는 방법을 꽁

개하려고 한다. 그런 방법이 진짜 있냐고? 진짜 있다!

나의 배우 기질은 몇 점일까?

지금부터 오디션을 해보자. 배우 오디션. 배우 기질이 얼마나 있는지 확인해보자.

나의 배우 기질 테스트

다음의 10가지 질문에 '맞다'고 생각되면 동그라미를 쳐보자. 그리고 동그라미 개수를 세어 결과를 확인하자.

1. 한국말을 할 줄 안다. ( )
2. 여태 살면서 거짓말을 몇 번쯤은 해봤다. ( )
3. 내 거짓말에 속은 사람이 한 명 이상이다. ( )
4. 우울한 사람보다 밝은 사람을 좋아한다. 나도 그러기를 희망한다. ( )
5. 내가 사랑하고, 나를 사랑하는 가족이 있다. ( )
6. 내 꿈은 항상 행복한 가정을 꾸리는 것이다. ( )
7. 내 아이의 장점, 단점을 하나라도 알고 있다. ( )
8. 아이가 좋아하는, 인기 많은 부모가 되고 싶다. ( )
9. 영화, 연극을 한 편 이상 봤고, 드라마는 수시로 본다. ( )
10. 좋아하는 배우가 어려서부터 있었고, 지금도 있고, 앞으로도 있을 예정이다. ( )

[테스트 결과]

0개: 포기하기엔 미련이 남는다. 발연기라도 좋다. 나무, 풀, 우체통부터 시작하면 된다.

1~3개: 당신의 연기적 소질이 보이기 시작한다. 일단 엑스트라로 시작하고, 단역부터 차근차근 올라가면 된다.

4~6개: 당신은 조연급이다. 명품 조연이 때론 어떤 주연보다 빛이 나는 법! 당신은 이제 가족들이 주연인 연극, 영화에 조연을 담당하는 것이다.

7~9개: 어떤 주연도 해낼 수 있다. 어차피 당신은 당신 인생의 주연이다. 최고의 연기로 주연상에 도전하자!

10개: 여우, 남우주연상, 감독상, 각본상, 제작상, 음향, 미술 등등 모두가 그대 손안에 달려있다. 정말 당신은 능력자다!

엄마가 바뀌면
가족이 바뀐다

여러분의 집안 분위기는 누가 좌우하는가? 엄마? 아빠? 아니면 아이? 아이 덕분에 웃는다는 가정이 많은데, 그건 아이가 아장아장 걸어 다니고 방긋방긋 웃는 시절의 이야기다. 좀 더 커서 아이의 공부가 본격적으로 시작되는 가정을 보라. 웃기는커녕 울 일이 많다. 아이들이랑 싸우는 소리가 집 밖으로 새나갈까봐 현관에 중문을 설치하는 집도 봤고, 아이들 방에 방음장치를 하는 집도 봤다.

그렇다면 집안 분위기는 과연 누가 좌우하는가? 바로, 엄마다. 엄마가 재밌는 집에 갔던 경험을 떠올려보라. 엄마가 웃는 집은 가족들이 덩달아 즐겁다.

엄마가 생글생글 웃으면, 아빠는 대개 입이 귀밑에 걸려서 허허 웃고, 아이는 뭔지도 모르면서 우리 집에 좋은 일이 있나 보다 하면서 따라 웃기 마련이다.

반면, 엄마가 짜증내고 신경질 부리면 아이들은 엄마 눈치 보느라 방에서 잘 안 나온다. 아빠는 집에 들어오기 싫어 집 밖을 빙빙 돈다. 회사 야근도 자청해서 하고 친구들 불러내서 술 마시고 갈 곳 없으면 혼자 찜질방 가서 누워 있기도 한다.

그러니 엄마가 바뀌면 가정이 바뀐다!

웃는 엄마 밑에서 자란 아이는 밝을 수밖에 없다. 웃음이 넘치는 집에서 자란 아이는 표정부터 다르다. 긍정적이고 활기 넘치고 눈빛도 반짝반짝 한다. 억지로 만들어낸 밝음이 아니라 뼛속부터 밝다. 그런 아이 뒤에는 틀림없이 밝은 엄마가 있다.

매사에 부정적이고 기운 없고 축 쳐진 아이를 보면 나는 물어본다.

"엄마 뭐하시니?"

열 명 중 아홉 명은 비슷한 대답을 한다.

"누워 계세요."

"주무세요."

아침이고 낮이고 늘 누워있고 자고 있고 의욕이 없다. 엄마의 우울은 아이에게 전염된다.

나도 원래 소심하고 수줍고 조용한 성격이었다. 게다가 아이 셋을 줄줄이 키우면서 한동안 우울했다.

아이들 기저귀 간 세월이 6, 7년이고, 젖 먹이고 우유 먹인 세월이 6, 7년이며, 포대기에 업고 다닌 세월이 6, 7년이었다. 매일 전쟁이었다. 몸이 아픈 날은 말귀도 못 알아듣는 아이들 앞에서 엉엉 운 적도 있었다.

어느 날 문득 인생의 황금기를 한숨과 원망으로 보내고 있는 내 자신을 보고 깨달았다. 이왕 낳은 아이들 즐겁게 키우고 내 인생도 행복하게 가꾸자고. 그다음부터 스스로 변하고 매일 계획하고 노력하니 점차 마음도 긍정적으로 바뀌고 아이들도 바뀌기 시작했다.

행복이란 게 참고 참았다가 인생이 한방이라는 말처럼 어느 날 한순간에 빵 터지는 게 아니다. 순간순간의 행복을 놓치지 말아야 한다. 하루하루를 반짝거리게 만들기 위해 엄마가 집에서 할 수 있는 일들을 알아보자.

엄마는 우리 집
전등 스위치

첫째, 집의 밝기 조절은 엄마하기 나름이다.

여러분은 밝은 집에 살고 싶은가, 어두운 집에 살고 싶은가? 남향 집에서 살고 싶은가, 북향 집에 살고 싶은가?

대부분, 혹은 누구나 정남향 집에서 살고 싶을 것이다. 왜? 해가 잘 들고 따뜻하니까. 그런데 여러 가지 사정으로 북향 집에 살아도 집안 분위기가 정남향인 가정이 있고, 100평 넘는 정남향 집에 살아도 시베리아 벌판보다 썰렁한 북극에 사는 것 같은 가정이 있다.

지인의 아이가 친구네 놀러갔다 와서 해준 얘기다. 집이 으리으리했는데 이상하게도 집에서 나는 소리는 수족관의 물거품 소리뿐일 정도로 조용했다고 한다. 도우미 이모님들이 발소리조차 크게 내지 않는 걸 보고 아이도 주눅이 들어 까치발로 걸어 다녔고, 마치 그 집 사람들 모두 공중부양을 배운 것 같았단다.

아이가 제일 놀랐던 건 친구 엄마의 모습이었다고 한다. 화려한 옷을 입은 친구 엄마가 웃음기 하나 없이 "이름이 뭐니?" 묻는데 마치 액자가 말을 하는 줄 알았고, 그 엄마 표정이 얼마나 엄숙한지 그 집에 있는 내내 혼나는 느낌이었다고 한다.

넓은 집이고, 맛있는 간식을 얼마든지 먹을 수 있지만 친구들이 그 집엔 놀러가기를 싫어한다며, 그 집 사는 친구조차 좋은 집을 놔두고 자꾸 다른 친구들 집에 가고 싶어 한다고 말했다.

이런 집이 어두운 집이다. 비싸고 화려한 집이지만 사람들이 어두우니 집도 어두컴컴해지는 거다.

사람이 그렇다. '아, 심심해. 재미없어' 하면 뭔가 재미를 찾게 된다. 집이 재미없으면 가족들은 집 밖에서 재미를 찾게 된다. 밖으로만 돌게 된다.

이런 집 가족들은 함께 모이는 게 하늘에 별 따기다. 재미없으니까 재미를 찾아, 어두컴컴하니까 빛을 찾아 가족들이 이리저리 방황한다.

반면 집이 밝고 재미있으면 가족들이 자꾸만 집으로 모여든다. 웃음이 끊이질 않는다. 그 재미있는 집은 엄마가 만들 수 있다. 엄마 하기 나름이다. 엄마가 표정 하나만으로도 집안의 밝기를 조절할 수 있다. 지금 당장 실천해보라.

망가지는 엄마,
통 큰 엄마

둘째, 엄마의 오버 액션이 답이다.

여러분은 언제 제일 많이 웃는가? 가만 보면 사람들은 개그 프로그램 보면서 제일 많이 웃는 것 같다. 이제부터 엄마가 집에서 개그우먼이 되어보자. 부끄럽다고? 가족들을 위해서 웃고 살자는데, 뭐가 부끄러운가.

내가 개그우먼을 자처했던 일을 털어놓겠다. 내게는 딸이 둘 있는데, 초등학교 시절까지 비교적 옷 투정 없이 잘 지냈다. 그런데 중2가 되더니 교복 치마를 줄여 입겠다고 했다.

딸이 줄이겠다는 치마 길이가 내 눈엔 너무 짧아 보였다. 아이들 말로는 중2, 중3이 교복 치마를 길게 입으면 중1 후배들이 우습게 본다나 뭐라나? 요즘 말로 '찐따'가 된다며 줄이겠다고 우겼다.

이럴 땐 부모가 어떻게 해야 할까? 원하는 대로 줄여준다? 화를 내며 절대로 못 줄이게 한다? 치마를 찢어버린다?

나? 비디오를 찍었다. 아주 화끈하게~.

일단 딸아이 교복을 입었다. 허리가 작아서 숨쉬기 힘들었지만 꾹 참고 연기를 시작했다. 치마를 돌돌 말아 짧게 입고, 몸을 과격하게 흔들면서 걷고, 다리를 쩍 벌리고 팔자걸음으로 걸어 다니고, 땅에 철퍼덕 주저앉고, 땅에 떨어진 휴지 줍는다고 치마를 펄럭거리면서 엉덩이를 높게 들었다. 물론 속옷이 보이게.

아무튼 온갖 흉한 모습을 연출했다. 비디오에 어떻게 찍혔을지 짐작이 가는가?

딸들은 내가 찍은 비디오를 보더니 엄마의 오버에 어이없어 했다. 그리고 누가 저렇게 흉하게 다니냐며 자신들은 얌전하게 다닌다고 우겼다.

그래서 나는 말했다.

"애들아, 엄마도 얌전해. 엄마도 찍은 영상 보고 깜짝 놀랐어. 너희가 아무리 얌전히 다녀도 어느 순간 그런 모습이 보일 수도 있으니 참고해야겠지?"

이후에 치마 길이를 잘랐는데, 딸들이 처음 요구했던 길이보다는 길게 자를 수 있었다. 자신들은 얌전히 걸어 다닐 자신이 있다지만, 혹시나 하는 마음이 생긴 것이다.

아이와 의견 대립이 생겼을 때 부모의 주장만 펴면 안 된다. 그렇다고 자식의 요구를 전부 다 들어줘도 안 된다. 서로 수위를 조절하는 게 중요하다.

부모 눈에 아니다 싶은 일을 자식이 원한다고 다 들어주면 자식들은 늘 그 이상을 원한다. 10을 원하는 자식에게 10을 허락하면 자식은 15를 하고 싶어 한다. 그러나 10을 원하는 자식에게 부모가 5, 6를 주장하면 적당하게 6, 7 정도에서 타협점을 찾게 된다.

모든 일을 그렇게 하라는 건 아니지만 부모 생각에 아니다 싶은 것에는 부모도 과감히 안 된다고 해야 한다. 자녀에게 NO를 외치라고 강력하게 외치고 싶다!

자녀와 원만한 타협점을 찾는 것도 중요하다. 마음에 안 든다고 화내고 소리 지르는 것은 절대로 효과가 없다. 오히려 사이가 멀어지기만 한다. 자식과 일일이 타협하고 의견 조율하는 것은 힘들다. 솔직히 말하면 피곤하다. 귀찮고 피곤해서 아이가 해달라는 것을 그냥 해주는 부모도 많다.

그런데 그 뒷감당을 어떻게 할 것인가? 우리는 더불어 살아간다. 아이의 잘못된 점들을 하나하나 바로잡으며 키우는 것이 바로 부모의 일이다.

나는 아이들 셋을 키우면서 일일이 얘기를 들어주고 의논하고 소통하느라 밤 12시쯤 되면 턱이 아파서 입이 안 열리는 날도 있었다. 말을 너무 많이 한 탓에 쉰 소리가 나오기도 했다. 그래도 아이들이 자기 얘기를 들어달라고 엄마를 찾는데 무시할 수 없었다.

지금은 아이들 셋 다 나보다 덩치가 커졌지만 아직도 거실이나 방에서 같이 뒹굴거리면서 지낸다. 서로 얘기하는 게 습관이 됐다. 말 한마디 없이 지내는 조용한 가족보다 훨씬 잘 살아가고 있다고 생각한다.

우리 집 사춘기 처방전

많은 부모가 자녀의 사춘기를 두려워한다. 나 역시 걱정이 되어 아이들에게 먼저 의견을 제시했다.

"혹시 사춘기가 오면 바로 얘기해주렴. 엄마는 너희들 사춘기를 위해 오랜 시간 많은 준비를 했단다. 엄만 너희들 사춘기가 빨리 왔으면 좋겠다."

아이들이 '엄마가 준비한 게 뭘까?' 궁금해했다.

"훌륭한 박사님들이 연구한 논문과 좋은 책들을 참고했단다. 청소년 상담하는 분들도 만나봤지. 아이들 사춘기 때는 부모가 끊임없는 관심을 줘야 한대. 엄마는 너희들을 절대 무시하지 않을 거야. 말 한마디도 잘 들어주고 너희들의 행동을 연구, 분석해서 마음을 나눌 거야. 밤 새워 대화도 하고 틈만 나면 안아주고 고민도 함께할 거야. 원한다면 도서관에 가서 공부도 같이하고 관심을 듬뿍~ 쏟을 거야."

아이들이 갑자기 머리를 흔들더니, 나를 안심시키려 들었다.

"엄마, 걱정 마세요. 저희들은 사춘기가 뭔지도 모를 거 같고 사춘기 같은 거 절대 안 올 거예요. 그러니까 제발 그런 연구 그만하세요!"

반은 성공이었다.

그때부터 아이들이 괜히 짜증을 내면 달려가서 박수를 치며 좋아했다.

"너, 지금 사춘기 온 것 같아. 맞지? 이제 드디어 내 실력을 발휘할 때가 왔구나."

"진짜 사춘기 아니에요. 짜증낸 거 아니에요."

아이들은 변명했다.

이렇게 한 적도 있다.

"엄마 모르게 사춘기가 휘리릭 지나가면 통 큰 보상을 할께. 100만 원 쏜다. 네 마음대로 써도 좋아."

100만 원이면 엄청 큰돈이다. 그러나 멀리 봐야 한다. 아이 사춘기가 시끄럽게 지나가는 집을 보면 100만 원은 돈도 아니다. 병원비에 합의금까지 목돈 드는 집도 여럿 봤다.

차라리 돈으로 해결되면 다행이다. 돈으로도 해결되지 않는 일도 생각보다 많이 일어난다.

엄마가 100만 원을 쏜다니 아이들이 당황했다.

"엄마, 100만 원은 너무 많아요. 50만 원만 주세요."

"무슨 소리야? 엄만 통 큰 사람이야. 대신 사춘기를 시끄럽게 보내면 돈이 계속 깎인다. 마이너스 안 되게 조심해라. 엄마랑 결산은 나중에 하자."

그러다 아이들이 이유 없이 신경질을 내거나 짜증을 부릴 때면 살짝 다가가 귀에 속삭였다.

"마이너스 2만 원."

그러면 아이들은 펄쩍 뛰며 억지로 웃는 입을 만든다.

"저, 짜증 안 냈는데요? 보세요, 웃고 있잖아요."

억지로 방글거리고 웃는 아이들에게는 큰 소리로 외친다.

"넌 정말 사춘기도 없니? 플러스 3만 원!"

쑥스러워 하면서도 더 웃게 되고, 더 괜찮은 아이가 되고 싶어 한다.

돈으로 아이들을 놀리는 거 아니냐고? 이 정도로 아이가 상처받고 돈에 대한 개념을 잘못 갖게 될 것 같다는 걱정을 한다면, 아예 안 하는 게 좋다.

가족 간에 믿음이 있어야 한다. 물론 그전에 가정에서 아이에게 경제 교육을 잘 시켜야 한다. 이렇게 가족과 재밌는 이야깃거리가 많아지다 보면 웃을 일도 늘고 가족끼리 할 말도 늘어난다. 얼굴만 보면 재미있다. 재미가 붙으면 우리 가족끼리 또 뭘 해볼까 궁리하게 된다. 여러분은 저보다 더 재미있고 즐거운 뭔가를 만들어낼 수 있다고 믿는다. 무엇보다 '쌩콩' 같던 아이들이 '땅콩'처럼 귀여워진다.

세계적인 천재 과학자 아인슈타인 하면 뭐가 떠오르나? 우유 말고.

아마도 아인슈타인이 혀를 길게 쏙~ 빼고 메롱 하는 사진을 본 적이 있을 거다. 장난꾸러기 아이 같은 모습에 천재 과학자라는 게 살짝 의심이 갈 정도다. 평소에도 늘 장난꾸러기 같았던 아인슈타인. 그가 노벨 물리학상을 받는 자리에서 했던 말이다.

"나를 키운 것은 유머였고 내가 보여줄 수 있는 최고의 능력은 농담이었다."

유머가 뛰어난 사람은 두뇌활동이 활발해지고 창조력이 샘솟는다는 연구결과가 있다. 어릴 때부터 웃음을 잃지 않는 여유와 유머감각을 키워준다면 어쩌면 제2의 아인슈타인이 탄생할지도 모른다. 창의력 넘치는 아이를 만들고 싶다면 일단 부모부터 유머감각을 키우자.

우아한 부모가 되는 법

엄마가 너무 오버하고 망가진다고 아이가 무시할까 걱정인가? 그렇다면 방법이 있다. 일단 도서관에서 책을 좀 빌려야 한다.

대출기간이 2주니까 5, 6권 정도가 적당하다. 빌린 책들을 아이가 잘

볼 수 있는 곳에 쌓아둬라. 위치를 조금씩 바꾸기도 하고 책장을 펼쳐 놓기도 해라. 그렇게 엄마가 읽고 있다는 티를 내야 한다.

책 읽기가 너무 싫다는 분들은 그냥 제목이라도 읽고 머리말과 저자의 말이라도 읽어뒀다가 아는 척하면 좋다. 정독하면 더 더 더 좋겠지만 다들 너무 바쁘니까……

제목과 저자만 알아도 지적(知的)으로 보인다. 여러분은 연기자다. 연기 공부한답시고 드라마만 보고 있거나 발성 연습한다고 소리만 꽥꽥 지르면 아이들의 신임을 쌓기가 좀 어렵다.

낮잠을 잘 때도 아이들에겐 방에서 책 본다고 하고, 들어가서 베게 옆에 책을 두고 자면 된다. 자다가 아이가 엄마를 찾거나 방에 들어오면 안 자는 척하며 책을 펼치면 된다.

신문을 보는 집이라면 신문을 활용해라. 신문을 펼치면 잠자다 통통 부은 커다란 얼굴과 졸린 눈, 침 흘린 자국까지 단번에 커버할 수 있어 정말 유용하다.

이런 깜찍한 연극으로 평범한 엄마가 지성과 유머를 겸비한 엄마로 거듭날 수 있다. 대부분의 아이는 유머 있으면서 지적인 엄마를 좋아한다.

그리고 진짜 배우처럼 예쁘진 않지만 스스로를 가꾸는 엄마를 더 좋아한다. 살림한다고 제발 아무 옷이나 주워 입고 다니지 말자. 옷 사 입을 돈이 없다고? 맘에 드는 옷, 비싼 옷 척척 사 입을 수 있는 엄마들은 많지 않다. 생활비 넉넉한 주부들도 별로 없다.

그런데 정말 다행이다. 요즘 인터넷에는 예쁘고 저렴한 옷들이 많다. 아울렛도 많고, 코디하는 센스만 좀 있다면 적은 돈으로 얼마든지 멋쟁이 엄마 소리 들을 수 있다. 피곤하다고 누워 있지만 말고, 쇼핑몰에 가서 마네킹이 뭘 어떻게 입고 있는지, 눈팅이라도 하면서 공부하자.

"너희 엄마, 예쁘다~."

"너희 엄마, 멋쟁이다!"

친구의 한마디에 기가 팍팍 살고 엄마에 대한 애정이 펑펑 쏟아지는 게 아이다.

엄마들이여, 책을 빌려라. 그리고 읽자. 책을 읽는 습관을 들이면 뭐가 좋은지는 다 알 것이다. 안 되면 읽는 척이라도 하자. 그런데 혹시, 이 책도 제목만 외우거나 읽은 척만? 그건 안 된다. 이 책만큼은 밑줄 쫙~ 치면서 정독하길 바란다.

애정 표현을 뻥튀기하라

셋째, 엄마의 애정은 과대 포장하라!

최근 과대포장한 과자가 문제가 많다. 그런데 엄마의 애정은 과대포장 한다고 법에 걸리는 거 아니니까 마음껏 부풀려서 표현해도 된다!

여러분은 아이에게 어떤 방법으로 애정 표현을 하는가? 꽉 안아주면서 "사랑해" "하늘만큼 땅만큼 사랑해" "바다만큼 우주만큼 사랑해" 이렇게 자주 말해주는 것이 아이 정서에 좋다.

그런데 그것만으로는 뭔가 부족해서 나는 다음처럼 한다.

아이들이 막 잠들었을 때 방에 들어가서 아이들 손을 살포시 잡는다. 이마를 쓰다듬고 어깨도 살짝 주물러 준다. 그리고 혼잣말을 한다.

"손아, 참 고맙다. 오늘도 밥 먹느라, 연필 잡고 공부하느라 힘들었지? 내일도 우리 딸 잘 부탁해."

"발아, 오늘 무거운 우리 아이 잘 데리고 다녀서 고마워. 내일도 넘어지지 말아라."

발을 만질 때는 살짝 숨을 멈추는 센스가 꼭 필요하다.

볼을 쓰다듬으며 이렇게도 말한다.

"엄마가 화내서 미안해. 그런데 속상했어. 너를 사랑하는 엄마 마음을 알아주면 좋겠다."

이때 주의할 점이 있다. 아이가 잠이 살포시 들었을 때 해야 한다. 즉, 아이가 엄마 말을 다 들을 수 있어야 한다.

엄마는 아이가 자는 줄 알고 얘기하는 척, 아이는 엄마 말을 다 들으면서 못 들은 척. 아시겠는가? 아이가 몸을 잠시 뒤척이거나 아이 눈꺼풀이 떨리면 깜짝 놀란 척 이불을 덮어주고 방을 나와야 한다.

가장 중요한 게 뭐라고? 쿨쿨 잠든 아이에게는 하지 말 것! 살포시 잠들었을 때 순간포착을 잘 해야 한다.

아침에 일어나면 엄마를 보는 아이의 눈빛이 조금씩 달라져 있을 것이다. 나이 어린 아이들이 효과가 더 좋지만 내 경험상 중학생, 고등학생 아이도 좋아한다. 사춘기라고 늘 툴툴거리지만 속으로는 누구보다 관심과 사랑을 받고 싶은 나이다.

대부분의 사람들은 스킨십을 좋아한다. 사춘기 아이도 다르지 않다. 오히려 작은 관심과 애정 어린 말 한마디에 더 감동하는 게 사춘기 아이다. 살포시 잠들었을 때 아이에게 하고 싶은 말을 진심 담아 해보자.

물론 여드름 잔뜩 난 얼굴에 뽀뽀하거나 그닥 향기롭지 않은 손과 발을 만지는 게 쉽진 않다. 덩치는? 산만 하다. 그러니 마음 단단히 먹고 해야 한다. 왜? 우린 배우니까~.

진짜 연극배우가 될 수 있는지 알아볼 수 있는 가장 확실한 방법이 있다. 잠든 남편 손과 발을 잡고 애정 어린 목소리로 말해보자.

"여보, 고생 많죠? 고마워요."

"많이 힘들죠? 사랑해요."

말하기 힘들다는 것 안다. 도저히 못하겠다고? 그럼 눈을 감고 제일 좋아하는 남자배우를 떠올리고 상상하면서 말만이라도 하라. 가정의 평화를 위해서 해보라. 집 나간 지 오래된 남편의 인성이, 아니 사랑이 돌아올 확률이 높다.

단, 너무 자주 하면 안 된다. 아이도, 남편도 눈치가 빨라서 '우리 엄마 또 시작이다' '우리 마누라 왜 또 저러나' 하고 의심하면서 바로 코 골지도 모른다.

작은 애정을
매일같이 쌓아라

넷째, 집은 보물창고다!

아이들 어릴 때 현관 앞에 늘 편지를 써놨다. 학교에서 돌아오면 볼 수 있도록.

"잘 다녀왔니? 오늘 간식은 세 가지다. 찾아 먹어라!"

다른 집 아이들은 학교 끝나면 놀이터를 한 바퀴 돌고 친구네도 들렀다가 집에 온다는데 우리 아이들은 학교가 2시에 끝나면 2시 5분에 집에 왔다.

주위 엄마들이 비결을 물어보곤 했다. 아마도 우리 아이들은 '오늘은 어떤 간식이 어디에 숨겨져 있을까? 빨리 가서 찾아 먹어야지' 하는 마음이 컸을 거다.

그렇다고 대단한 간식을 숨겨놓은 건 아니었다. 쿠키 하나, 사과 한

알, 요구르트, 초콜릿 등이었다. 가끔은 애들이 좋아하는 햄버거나 피자도 있었고, 어쩌다 꽝(!)도 준비했다.

이젠 다 큰 녀석들이 '간식 숨기기'를 이벤트로 해달라고 한다. 어릴 적 소소한 일들이 아이들에겐 참 재미있는 추억임은 분명하다.

엄마가 재밌고 집에 있는 게 즐겁고 행복하면 집을 좋아할 수밖에 없다. 얼마 전 고등학생인 딸이 갑자기 툭 내뱉었다.

"난 엄마 좋아~."

물론 나는 당황하지 않고 도도하게 대답했다.

"알아~ 나도 내가 좋아~."

그러자 딸아이가 자기가 괜한 말을 해서 엄마의 공주병을 심하게 만들었다고 자신의 입을 마구 꼬집었다.

이렇게 아이들과 작은 애정을 쌓다 보면 정도 깊어지고 서로에 대한 믿음이 생긴다. 그래서 아이에게 사춘기가 와도 큰 문제가 생기지 않는다. 평소에 아이와 아무런 소통도 없고, 대화도 없이 지내다 사춘기가 왔을 때 아이가 엄마 말 안 듣는다고 울고불고 섭섭해 하고 싸워봤자 아이는 콧방귀도 안 뀐다.

모든 인간관계가 그렇듯, 정과 신뢰는 하루아침에 쌓이는 게 절대 아니다. 부모와 아이의 관계도 그렇다.

엄마를
예약제로 운영하라

나는 아이들에게 '엄마 예약제'를 운영한다. 고급 레스토랑이나 호텔은 예약이 필수다. 예약은 왠지 특별한 느낌을 준다.

엄마는 24시간 대기조에, 언제나 시간이 철철 넘치는 사람으로 여겨지지 않게 하라. 아이 앞에서 은근히 인기 많은 사람처럼 행동해라.

물론 워킹맘들은 너무 바빠서 말 안 해줘도, 아이가 우리 엄마는 바쁘다는 생각을 머릿속에 달고 다닌다. 그런 엄마라면 내 아이를 위해서 엄마가 시간을 꼭 비워두거나 만들어보려는 모습을 보여야 한다.

만약 '엄마는 나보다 일을 사랑한다'고 아이가 생각한다면 설명과 연기가 부족한 것이다. 양보다는 질이다. 1시간 동안 옆에서 낮잠 자는 엄마랑 10분 동안 재미있게 놀아주는 엄마 중에 누가 좋냐고 물으면 아이들은 보통 후자를 택한다. 괜히 미안해하지 말고, 회사에서 일하듯이 아이디어를 짜서 아이와 좋은 시간 보내면 된다. 아이와 함께하는 부모의 시간이 얼마나 소중한지를 느끼게 하는 것이 가장 중요하다.

우리 집 아이들은 중요한 얘기나 부탁할 게 있으면 엄마를 예약하러 온다. 예약하는 사람도, 예약되는 사람도 이미 특별한 사람이다. 아이가 가끔은 용돈으로 내게 맛있는 커피도 사주고 조각케이크를 준비하기도 한다. 그럴 땐 기꺼이 아이의 초대에 응하고 행복한 시간을 갖는다. 소중하게 준비한 건 소중할 수밖에 없다.

반대로 부모도 아이에게 시간을 내달라고 부탁해라. 그리고 그 시간에 집 앞 공원이든 놀이터든 가서 음료수라도 마시며 진지하게 얘기해라. 너의 소중한 시간을 내줘서 고맙다는 말과 함께. 그게 부모의 노력이고 센스다.

사랑받고 자란 아이는 사랑스러울 수밖에 없다. 엄마의 예쁜 말을 듣고 자란 아이가 밖에서 거친 말을 쏟아내는 일은 없다. 사춘기가 와서 한동안 방황하고 거칠게 굴더라도 언젠가는 반드시 돌아온다. 바른 인성이 이미 마음 깊이 뿌리 내리고 있기 때문이다.

바른 인성은 한번 몸에 배이면, 살다 찾아오는 암흑기나 역경과 시련 속에서도 나침반 같은 역할을 한다. 아이가 잠시 헤맬 수는 있겠지만 절대 길을 잃지는 않는다.

가장 중요한 유산은 바른 인성

부모들이여, 우리 어떻게 살자고? 연극배우처럼 살면 된다.

사실 우리가 밖에서 만나는 사람들 중에 연극배우가 넘치게 많다. 엄마 모임에 가보면, 우아함의 극치인 사람이 알고 보면 집에서는 매일 남편과 싸우고 아이에게 폭력을 쓰기도 한다. 잘 모를 때는 부러워했는데 속사정을 알고 나니 볼 때마다 민망하다.

아이들은 참 순진하다. 밖에서 집 얘기를 아주 쉽게 한다.

친구가 학원을 하는데 학생들이 집안일을 너무 솔직히 얘기해서 난감할 때가 많다고 한다.

"선생님, 우리 엄마, 아빠는 욕 진짜 잘해요."

"우리 엄마는 저 때릴 때 프라이팬으로도 때려요."

"우리 아빠는 화났다고 텔레비전도 부셨어요."

집은 난장판이면서 밖에서만 우아한 척 그런 연극은 하지 말자. 집안을 화목하게 하는 연극만 가족들에게 하길 바란다.

우리가 아이에게 물려줄 수 있는 가장 큰 유산은 좋은 인성을 기를 수 있는 길잡이가 되어주는 것이다.

우리 모두 오늘부터 배우로 변신하자. 엄마가 배우로 변신하는 순간, 우리 집에는 키득키득 하하호호 웃음꽃이 피고 가족들의 눈엔 하트가 팡팡 쏟아진다. 그 시간들이 모여 아이는 바른 인성이 뿌리내린 멋진 성인으로 자랄 것이다. 잘 자란 우리 아이를 상상해보자. 상상만으로도 입가에 미소가 떠오르고 가슴이 쿵쿵 뛰며 행복해진다.

지금부터 여러분의 멋진 변신을 두근두근 기대한다!

우리 아이 명품 인성 만드는 엄마의 생활습관

1. 우는 연기 말고 웃는 연기에 몰입한다. 웃고 또 웃어라. 웃을 일이 있어서 웃는 게 아니고, 웃다 보면 웃을 일이 생기기 마련이다.
2. 엄마가 밝으면 아이들은 빛이 나고 가정이 행복해진다. 거울 보고 표정 연습부터 하자.
3. 엄마가 망가지면 온 가족이 행복하다. 가족들 앞에서 춤출 수 있는 엄마는, 가족들을 춤추게 할 것이다.
4. 엄마의 오버 액션에 가족이 평화롭다. 사랑은 표현이다. 속으로만 사랑하지 말고 겉으로 티를 팍팍 내자!
5. 엄마도 때론 당당하고, 우아하고, 도도하라. 당신의 매력 발산에 따라 가족들도 같이 당당해진다.

말만 하는 부모, 상처받는 아이

1판 1쇄 발행 2016년 9월 1일
1판 2쇄 발행 2016년 11월 8일

지은이 | 김은미 · 서숙원

펴낸이 | 김은주
책임편집 | 눈씨
마케팅 | 이삼영
디자인 | 참디자인

인 쇄 | 나래프린팅

펴낸곳 | 별글
블로그 | http://blog.naver.com/starrybook
등 록 | 128-94-22091(2014년 1월 9일)
주 소 | 경기도 고양시 덕양구 오금로 7 신원마을 3단지 305동 1404호
전 화 | 070-7655-5949   **팩 스** | 070-7614-3657

ⓒ김은미 · 서숙원, 2016

이 책은 저작권법에 따라 보호를 받는 저작물이므로 무단 전재와 무단 복제를 금지하며,
이 책 내용의 전부 또는 일부를 이용하려면 반드시 저작권자와 별글 출판사의 서면 동의를
받아야 합니다.

책값은 뒤표지에 있습니다. 잘못된 책은 바꾸어드립니다.

ISBN 979-11-86877-27-2 (13590)

이 도서의 국립중앙도서관 출판예정도서목록(CIP)은 서지정보유통지원시스템 홈페이지(http://seoji.nl.go.kr)와
국가자료 공동목록시스템(http://www.nl.go.kr/kolisnet)에서 이용하실 수 있습니다.
(CIP제어번호: CIP2016018876)

별글은 독자 여러분의 책에 대한 아이디어와 원고 투고를 기다리고 있습니다.
책 출간을 원하시는 분은 이메일 starrybook@naver.com으로 간단한 개요와 취지, 연락처 등을 보내주세요.